语文课本里的科学素养

主编 陈诚

古代外星人之谜

C²S | 湖南电子音像出版社
Hunan Electronic And Audio-visual Publishing House

·长沙·

图书在版编目（CIP）数据

古代外星人之谜 / 陈诚主编 . -- 长沙 : 湖南电子
音像出版社 , 2023.9（2024.5 重印）
（语文课本里的科学素养）
ISBN 978-7-83004-492-3

Ⅰ . ①古… Ⅱ . ①陈… Ⅲ . ①阅读课—小学—教学参
考资料 Ⅳ . ① G624.233

中国国家版本馆 CIP 数据核字 (2023) 第 171044 号

古代外星人之谜

GUDAI WAIXINGREN ZHI MI

主　　编：陈　诚
出 版 人：黄永华
责任编辑：刘德华　傅　蓉　朱　懿
美术设计：唐　茜
出　　版：湖南电子音像出版社
印　　刷：永清县晔盛亚胶印有限公司
发　　行：河南省新华书店
开　　本：710mm×1000mm　1/16
印　　张：8
字　　数：68 千字
版　　次：2023 年 9 月第 1 版
印　　次：2024 年 5 月第 2 次印刷
书　　号：ISBN 978-7-83004-492-3
定　　价：28.00 元

如有印装质量问题，请与生产服务中心调换。
联系电话：0731-82228602

声明：在本书编写过程中，个别选文未能联系到作者，敬请原作者看到本书后
及时和我们联系，以便我们按国家规定支付稿酬并赠送样书。
联系人：陈老师 18670089796

小故事，大科学

　　科学与文学的精彩碰撞，既能培养文学思维，又能激发探索科学世界的精神。在语文课本中，已经介绍过不少的科学文章。回想课文，相信小读者在读到《小壁虎借尾巴》时，也想和小伙伴们一起找到各种动物尾巴的秘密；读到《太空生活趣事多》时，也希望有一天自己能探索太空；读到《跨越百年的美丽》时，内心会受到科学家们科学精神的撼动。

　　其实，不仅仅是这些科学文章，语文课本中还含有许许多多的科学因素。《语文课本里的科学素养》（小学版）这套书秉承科学与文学相融、理性与人文相生的理念，紧贴新课标，涵盖自然、天文、地理、环保等多门学科，采用跨学科的视角，将课内所学知识延伸至课外，构架起课内与课外的桥梁，带领读者从小故事中探究大科学原理。

　　在呈现形式上，本书用儿童的眼光看世界，以日常化和故事化的表达方式，用富有想象力的构思来讲述理性的科学，让科普阅读更具有感染力。在这里，小读者将与小兔乖乖、小猴皮皮、小熊奔奔等好朋友一起，去奇幻的月光森林、辽阔的阳光草原甚至神秘的大海探险。这些好朋友会用自己的故事告诉小读者们：彩虹是如何形成的？风从哪里来？大雁为什么要排队飞行？……每篇故事都配有精心绘制的大量贴合人物形象、契合故事情节的精美插图，为富有意蕴的文字增添趣味。同时，故事中的优美词语以彩色字标出，可以有效地增加小读者的词汇量，为写作打下语言基础。

在栏目设计上，本书课文之后的"课本联通"栏目，带领学生回到语文课本，从课文中捕捉和发现科学因子；"科学进阶"栏目对应科学故事，系统化讲解科学知识，强化科学思维，助小读者们一窥科学世界；"灵光乍现"栏目将对科学知识的获取化为主动探究，引导小读者们思考更多相关的科学知识，锻炼发散思维。

期望这套丛书能用天马行空的趣味科学故事，为小读者提供探索世界的宏大视角，也希望这套书能够让小读者用积极探索的心态去关注身边的事物，唤起其对自然和生命的热爱，从而爱上阅读，爱上科学。

编者

目录

不肯搬家的小羊

在辽阔的阳光草原上，许许多多的小动物世世代代生活在这里。最近，小马昊昊、小牛轩轩新开了一个搬家公司。开张这天，很多小动物都来围观了，只见昊昊站在台子中央大声地说:"各位阳光草原的居民们,大家都知道由于人为的破坏,草原上的食物在一天天地减少,这也不得不促使我们将搬家提上日程了。离阳光草原三百公里外的月光森林有大家需要的一切,欢迎各位前来报名搬家,前十位报名者将享受搬家费七折优惠!先到先得!"

"七折了啊,七折了啊,先到先得,仅限前十!"轩轩也配合着吆喝了起来。

听完昊昊激情的宣讲,小动物们你一言我一语地讨论了起来。

小狗骨骨开心地说:"我很乐意,森林里又凉快又大,我现在就想报名搬家了。"

这时,山羊绵绵生气地说:"你这个没有感情的家伙,阳光草原是我们这么多年居住的家园,我们怎么能因为它受到了破坏就马不停蹄地离开它呢!"

但是,骨骨才听不进绵绵的话,第一个就报名了,小猪奔奔也紧跟着报名了,渐渐地,报名的小动物越来越多。绵绵看着大家纷纷报名难过地哭了起来,心想:难道大家真的对草原没有一点留恋了吗?这可是我们一直以来的家园啊!

过了两天,绵绵去找她的好朋友小鹿云云,却看到云云一家

也在收拾东西。绵绵急切地问："云云，你这是在干什么，不会连你也要搬走吧？"

云云愁眉苦脸地说："绵绵，我也不想搬走，可是爸爸妈妈说，草原的面积在不断地减少，极有可能会消失，到时候大家为了一点食物争个你死我活，也不是你和我想看见的吧？"绵绵听了，忧伤地低着头，不说话。

云云又说："绵绵，你还是回家和爸爸妈妈商量一下吧，尽早搬走也能更快安定下来。"

绵绵拖着沉重的脚步回到了自己家，看见爸爸坐在那边若有所思的样子。绵绵爸爸是山羊部落的领头羊，关于山羊一族是否搬离草原的事情他也很犹豫。绵绵问："爸爸，我们真的要搬离阳光草原去月光森林吗？"绵绵爸爸没有回答绵绵只是默不作声。绵绵见爸爸没有说话，似乎也知道了爸爸最终的选择。但是，绵绵还是坚持认为草原不会就此消亡的，只要所有的小动物齐心协力修复草原，大家就都不用搬家了。看着窗外草原上的一草一木，绵绵回忆起和云云在草地上奔跑、嬉戏的快乐时光，内心更无法接受就这样离去。她难过地走出家门，在草原上跑了起来。

"我一定要想个办法阻止大家搬家！"绵绵对着一望无际的草原大声地喊了起来。

第二天一大早，绵绵就出发去找灰鹤博士了。绵绵心想：灰鹤博士是整个阳光草原最博学的了，他一定知道有什么办法挽救草原。于是，绵绵带着这种期待来到了灰鹤博士家。灰鹤博士热

情地接待了绵绵，并回答她说："其实也不是没有办法的，只是很难。对于草原上的动物来说，搬家才是最方便快捷的解决方法。"

"有什么办法呢？"绵绵急切地看着灰鹤博士说。

"约 4000 万年前，板块运动和碰撞造成了区域气候变干，原来的森林就慢慢变成了草原。小草就是在这种气候干旱、土壤贫瘠的环境下慢慢繁衍下来的。正是因为它顽强的生命力，才有了草原如今**欣欣向荣**的模样。所以，只要我们把受到破坏的地方重新种上小草，草原就会慢慢恢复原来的面貌。"

"可是大家都已经在准备搬走了，谁会愿意留下来呢？"绵绵**垂头丧气**地说。

"傻孩子，尽力就好，多留下一个草原就多一分恢复的希望。"灰鹤博士安慰道。

　　"博士，我知道您的意思了，我一定会继续想办法劝说大家一起留下帮忙恢复草原的。"绵绵说。

　　"好孩子，草原有你这样的居民也是一种幸运了，我也会尽力配合你的，大胆去做吧！"灰鹤博士拍了拍绵绵的肩膀说。

　　"谢谢博士的鼓励，那我先回家了。"绵绵和灰鹤博士道别后径直走向了回家的路。他的脚步比来的时候轻快了不少。

　　绵绵回到家里把灰鹤博士的话告诉了爸爸，绵绵爸爸听完

绵绵的话，像坚定了什么似的，突然从座位上站了起来，把绵绵妈妈喊过来宣布说："我们山羊一族不搬走，我们要与阳光草原共存亡。明天我就去号召族里的山羊都去寻找草种子，一起恢复草原！"

"好，绵绵爸爸，我也支持不搬走，毕竟我们在这里生活了那么久。只要还有一线希望，我们都应该留下来和草原一起渡过这次难关。"

"爸爸妈妈，我们一起加油，相信我们一定能把草原恢复如初！"绵绵激动得眼泪都快流下来了。

在爸爸妈妈的支持下，绵绵顿时重新燃起了热情，她迫不及待地跑到云云家告诉她这个消息，又跑去小鹅白白家、小猴奇奇家，一个一个地劝说他们留下恢复草原。

最后，草原上的动物听说有办法恢复草原，都纷纷表示不搬家了，要留下来和大家一起恢复阳光草原。绵绵得知大家的选择的时候，激动地流下了泪水。她这几天也算是没有白忙活，因为大家对草原都是有深厚感情的。就这样，昊昊和轩轩的搬家公司也开不下去倒闭了。

时光总是转瞬即逝，又过了两年，经过草原上动物们的**不懈努力**，草原已经恢复到原来的百分之九十了，相信不久就会变成原来辽阔而**富有生机**的阳光草原。

绵绵和云云又像当初那样跑到了她们常去的那个山头。她们一起望着这片草原，回想起这两年的辛苦，感觉一切都值得了。满眼的绿是生命在生长，点点的小花像是绿手帕上绣的小碎花，美丽而生动。

这次，我看到了草原。那里的天比别处的更可爱，空气是那么清鲜，天空是那么明朗，使我总想高歌一曲，表示我满心的愉快。在天底下，一碧千里，而并不茫茫。四面都有小丘，平地是绿的，小丘也是绿的。羊群一会儿上了小丘，一会儿又下来，走在哪里都像给无边的绿毯绣上了白色的大花。那些小丘的线条是那么柔美，就像只用绿色渲染，不用墨线勾勒的中国画那样，到处翠色欲流，轻轻流入云际。

义务教育教科书语文六年级节选

草原是地球上最重要的生态系统之一，被誉为"地球的皮肤"，具有防风固沙、保持水土、涵养水源、调节气候、维护生物多样性等重要生态功能，还有不可替代的经济和社会功能。地球上草原分布面积广大，全球草原面积约为 32 亿公顷，约占地球陆地面积的 20%。

但是，草原退化是人类面临的共同挑战，全世界 60% 的草原和我国 90% 的草原，均发生了不同程度的退化。因此，加大对草原生态修复工程的支持力度刻不容缓。

1 你去过草原吗？草原在你的眼中是什么样的？

2 关于保护草原，你有什么好的建议吗？

丁香和丁香花

放学路上，小狮子聪聪看见路边开着许多美丽的丁香花，淡淡的紫色花苞看起来可爱极了，还透着一丝沁人心脾的清香。聪聪觉得这花这么美，妈妈见了一定会高兴地摆在家里。于是，聪聪摘了几簇丁香花。

回到家里，聪聪没有见到妈妈，只见到爸爸在那里捣鼓自己的药材。聪聪爸爸是森林里出了名的药材迷，平时最喜欢研究各种药材的功效，说起他的宝贝药材聪聪爸爸简直是滔滔不绝。聪聪问："爸爸，你知道妈妈去哪里了吗？我摘了丁香花想送给妈妈。"

"丁香花？不如送丁香啊，我最喜欢丁香了。嘿嘿，聪聪想不想知道丁香好在哪里？"聪聪爸爸两眼发亮地看着聪聪，就等聪聪点头了。

架不住爸爸热情的眼神，聪聪配合着说："想知道，爸爸快讲讲吧。我特别想知道！"

"丁香啊，和丁香花可不是一回事。而且丁香还有公的和母的之分。"聪聪爸爸神神秘秘地说着。

　　"还有叫丁香的？我怎么从来没听说过？"聪聪突然好奇了起来。

　　"对啊，丁香花是木樨科，属于灌木或乔木，又叫作紫丁香；而丁香是桃金娘科，又称丁子香，是热带植物，可入药。"

　　"那你刚刚说的公的母的又是怎么一回事呢？"

　　"公丁香是丁香植物的干燥花蕾，而母丁香是干燥果实，两

者长得**截然不同**。公丁香长得像一颗小钉子，母丁香更像枣核。我们日常食用并俗称'丁香'的泛指公丁香；而母丁香以入药为主。"聪聪爸爸认真细致地解释道。

这时，聪聪妈妈从外面回来了，聪聪赶忙把花送给了妈妈。妈妈看到聪聪递上来的丁香花露出了灿烂的微笑。突然，聪聪问起了妈妈："妈妈，爸爸说，丁香可分为公丁香和母丁香，我以为丁香就是丁香花呢，还奇怪丁香花怎么会有公母。你也知道丁香吗？"

妈妈**诧异**了一会儿回答道："当然啊，煮肉汤的时候加入两三颗丁香可以去除肉的血水味和腥味呢。我常常放，你不知道，所以肯定没吃出来。"

"原来我一直吃的都是加了丁香做的肉汤啊！我竟然都不知道。看来我了解的知识还是太少了。"

　　"那今天我们就来做肉汤，你看看放了丁香和没放丁香是不是吃起来感觉不一样。"聪聪妈妈建议说。

　　"好啊好啊，我倒要看看这丁香有什么用！"聪聪连连应声。

　　然后聪聪又转过头，对爸爸说："爸爸，以后你多讲讲你知道的药材吧，我也想多了解了解。"聪聪爸爸听了这话，乐得合不拢嘴。

今年的丁香花似乎开得格外茂盛，城里城外，都是一样。城里街旁，尘土纷嚣之间，忽然呈出两片雪白，顿使人眼前一亮，再仔细看，才知是两行丁香花。有的宅院里探出半树银妆，星星般的小花缀满枝头，从墙上窥着行人，惹得人走过了还要回头望。

义务教育教科书语文六年级节选

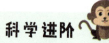

科学进阶

丁香，又称丁子香，是一种常绿乔木，高达10~20米，叶子呈卵状长圆形或长倒卵形，花朵是聚伞或圆锥花序，花香浓郁，花瓣白色带淡紫色。紫丁香植株高2~8米，羽状复叶，顶生或侧生的圆锥花序，花朵多为淡紫色。紫丁香是我国传统花卉，已有一千多年栽种历史。而丁子香原产于印度尼西亚，后被引种到世界各地的热带地区，在中国海南、广东也有种植。

紫丁香观赏性强，花朵小而密，花色浓郁；而桃金娘科的丁子香，是较名贵的香料，公丁香是丁子香植物的干燥花蕾，而母丁香是干燥果实，日常食用并俗称"丁香"的泛指公丁香，母丁香则以入药为主。

 灵光乍现

你还知道哪些可以入药的植物？具体功效是什么？

天要塌了

"不好了，不好了！天要塌了，怎么办啊，我们都要被压死了。"小猫睡得迷迷糊糊的，隐隐约约听见小熊在门外着急地喊着。

"怎么了？"小猫开门的时候还是没睡醒，揉着眼睛一边打着呵欠一边问。看着外面天刚蒙蒙亮的样子，小猫有些不乐意了，这么早呢，小熊能有啥事？

"你去河边看，天比树还低了，眼看着就要掉下来了。"小熊拽着小猫的手，上气不接下气地重复着说。外面太阳才升起一小部分，清晨的雾气还未散去。

"我早晨在江边散步，突然看见远方的太阳和天空比树还低，是不是那边已经开始坍塌了，马上就要到我们这里来了？"

15

"你今天起得真早。"小猫又打了一个呵欠说，"现在天还没有亮呢，什么天要塌了天要塌了的!"

"是江边，你去看看就知道了，再不想办法就来不及了!"

"那我去看看吧。"小猫这才清醒过来。

当小熊和小猫一起来到江边的时候，太阳又升起来一点了。但是望向远方，确实天低得贴近了地面，两旁的树直入云霄般耸立着。"真的比树还低，那怎么办啊?"小猫着急地说。

"我们快通知大家逃走吧!""好，我们分头行动。"

"天要塌了，快逃啊!"小猫的叫喊声被鸟博士听到了。

鸟博士出门问："停停停，什么天要塌了!"小猫把他和小熊在江边见到的情况告诉了鸟博士。鸟博士一听这话哈哈大笑起来。

"你赶紧叫小熊回来，别闹出笑话来，我们一起去江边，我给你们讲讲什么原因。"鸟博士又说。

"好，鸟博士，你先去江边吧! 我去叫小熊回来。"

不一会儿，小熊也来到了江边。鸟博士开始讲："你们看，江边是不是视野非常开阔，你们看到的远处的天啊，实际上也是地，就是地平线。在空旷的地上**极目而望**，你所看到的最远的地方，实际上是那里的地面反射回来的光线，而这最远的地方看似**无穷无尽**，实际上却是有限的。因为任何站在空旷野地上的人，能看到的范围也只有这么多，因此你们看到的天与地相接的地方相对于附近的参照物，也就是树木而言是低的。"

"哦，我知道了，就是一种错觉对吧？"小猫接着话说道。

"你要这么理解也是可以的，比如说，晚上月亮倒映在水中，我们离水面很近，也会有一种月亮离我们很近的错觉。"

"嗯。"小猫和小熊其实听得似懂非懂。不过当他们知道了天是不会塌的，就放心了很多。

宿建德江

［唐］孟浩然

移舟泊烟渚，

日暮客愁新。

野旷天低树，

江清月近人。

义务教育教科书语文六年级节选

科学进阶

　　平面镜成像指的是光线进入平面镜后由于光的反射而形成与实物相同的虚像。人站在江边看水面时，平静的水面就相当于是一块平面镜。平面镜中的树木和天是虚景，虚景的树和实景的树连在一起显得格外高。加上地域的空旷使得远处的天看起来和地连成一片，倒映在水中更显低沉。因此人在看江面的倒影时，会感觉天比树更低。而"江清月近人"也是同样的原理。在光的反射下，水面中的月影与月关于水面对称。此时，月影在水面上，人离水面近，感觉往日遥远的明月似乎变得触手可及，因此便有了"月近人"的感觉。

灵光乍现

① 你还知道哪些古诗词当中蕴含着科学知识？举例说说。

② 根据诗人写诗时的情境，思考《宿建德江》还有没有可能存在别的解读。

天气预报员

天空中乌云密布，阴沉沉的，空气也闷闷的，一丝风也没有，好像快要下雨了。池塘里，青蛙们**不约而同**"呱呱呱"地大叫着，好像在表演大合唱。

池塘边，小山羊绵绵背着一筐青草急匆匆地往前走。他要在下雨前赶快到家，不然被雨淋湿了会感冒，他可不想生病吃药。可青蛙那"呱呱呱"的叫声传到绵绵的耳朵里很刺耳："这都要下雨了，青蛙们怎么会这么兴奋？"绵绵不由得烦躁地说了一句。

小猴奇奇戴着斗笠，手里拿着一把伞也急匆匆地在路上走着。不过，他是朝着绵绵的反方向走，因为他要去给在地里干活的妈妈送伞。但是青蛙那"呱呱呱"的叫声一直传入耳膜，

令人很是烦躁，奇奇忍不住生气地说："叫个什么劲啊！没看见要下雨了吗？怎么这么兴奋？"青蛙们也不理会奇奇的呵斥，依然兴奋地叫着。

小松鼠乖乖和小猫苗苗原本在外面玩耍，结果因为害怕下雨也在着急地往回赶。乖乖由于太着急，一不小心跌在一块大石头上，额头起了个大包，疼得她泪水直淌。而青蛙们还在"呱呱呱"地叫着，乖乖觉得它们在嘲笑她。"哼！"乖乖狠狠地朝池塘里说着。

第二天来到学校，绵绵、奇奇还有乖乖聊起昨天的事，都十分纳闷：天都要下大雨了，青蛙们为什么还那么兴奋地叫着，好像在过一个盛大的节日呢？这时，熊猫老师走了过来。乖乖连忙拉着绵绵、奇奇向熊猫老师请教。"熊猫老师，昨天下雨前，青蛙叫得格外的大声，您知道这是什么原因吗？"

熊猫老师笑着对同学们说出了其中的具体原因，解开了谜团。

青蛙下雨前为什么会叫得那么欢呢？原来青蛙的肺不太发达，通过肺呼吸得到的氧气不能满足自身生活的需要，一小部分

氧气还要靠皮肤来帮忙吸收。而皮肤在干燥的情况下不能吸收氧气，所以青蛙最喜欢下雨前的潮湿天气，这样皮肤就能保持湿润，从而吸收到足够的氧气。

另外，下雨前，昆虫飞得较低，青蛙寻找食物比较容易，所以它们就更加高兴了。也正是因为青蛙会在快要下雨的时候呱呱叫，所以青蛙的呱呱声可以被用来预测天气，因此，青蛙被称为农民伯伯的"天气预报员"。

原来如此，大家明白了这是青蛙的天性以后，顿时就没有了怨气。而且，大家还觉得青蛙特别值得夸奖，不仅能帮农民伯伯

的水稻捉害虫，还能帮助农民伯伯预报天气。

又过了几天，快要下雨的时候，乖乖和苗苗又听到了青蛙们呱呱叫嚷的声音。不过，这一次她们一点都不觉得烦躁，而是很开心。因为她们知道这是青蛙们在预报天气呢！

乖乖对池塘的小青蛙喊了起来："小青蛙，谢谢你们，我们这次拿伞了哦！"

"是啊，嘿嘿，这次可不会被淋湿了！"苗苗也笑着说。

西江月·夜行黄沙道中

[宋] 辛弃疾

明月别枝惊鹊，清风半夜鸣蝉。稻花香里说丰年，听取蛙声一片。
七八个星天外，两三点雨山前。旧时茅店社林边，路转溪桥忽见。

义务教育教科书语文六年级节选

科学进阶

青蛙，俗称水鸡、田鸡。蛙类主要包括两类动物：青蛙和蟾蜍。这两类动物在分类学上没有太严格的区别，有的一科中同时包括两种。青蛙不喜欢在太冷、太热或太干燥的环境里生活，喜阴凉潮湿。到了晚上，夜深人静，气温凉爽，昆虫活跃，青蛙会出来捕食昆虫。

青蛙的叫声常被农民用来预测天气，而且相当准确。天快下雨时，因为气压特别低湿度增加，空气中水气增多，青蛙的皮肤得到湿润，当大雨落下后，青蛙会继续欢快地跳上跳下叫个不停。

 灵光乍现

除了青蛙，你还知道哪些动物是两栖动物？它们有什么特殊的习性？

云朵仙子和她的魔法

"呼啦啦，变！"在一个月色朦胧的夜晚，云朵仙子正在对着草地练习她的水魔法，她今晚的任务是要变出晶莹剔透的小露珠。可是，她施展了一个多小时的魔法也没起效。

"哎呀，我不变了，这什么鬼咒语嘛，根本变不出来。"云朵仙子气呼呼地说。

"怎么啦，小云朵，这满脸通红的。"大地妈妈关切地询问。

"大地妈妈，我变不出来露珠，可明天早晨露珠就得要铺满整个草地。"小云朵急切地回答，眼泪都要出来了。

　　"小家伙，别着急，你想想露珠魔法的几个要诀是什么。"大地妈妈耐心地引导着小云朵。

　　"水、气温、载体、咒语。哎呀——我把气温这个要素忘了，现在是晚上八点，还没到适合的温度。"小云朵突然一拍脑袋瞬间明白了。

　　"**欲速则不达**。你别着急，我们慢慢来。"大地妈妈**和蔼可亲**地看着小云朵。

　　"是的，我太着急了。明明记得的，结果给忘了。"小云朵惭愧得满脸涨红。

　　终于，夜晚彻底静了下来，温度也合适了。小云朵继续念起了露水魔法咒语。"呼啦啦，露水变！"一瞬间，整个草地都铺满了透明的、亮晶晶的露珠。草地上、树叶上的露珠像一串一串的小珍珠似的，在月色的照射下，发着冷冷的光。

　　有了这次的成功经验，云朵仙子施展水魔法**得心应手**了不少。她耐心地等待合适天气的到来，不急不躁。

这天，天空中刮起了狂风，电闪雷鸣间，她的身体也变成了灰色。"砰——"一声巨雷响彻天际，没过几分钟，云朵仙子冲了上去，大声喊出雨水的咒语，"哗啦啦，雨水变！"

刹那间，大雨就像发了疯一般从天空中倾泻而下，大地上的树、稻谷、草儿、花儿都伸展着身子，吸收着来自天空的馈赠。

转眼间，冬天就到了，云朵仙子变得更忙了。清晨，她要施展霜魔法和雾魔法，"唰啦啦，雾变！"云朵仙子施展完雾魔法后，整个大地就会被大雾笼罩，好似仙境一般。而霜魔法则像是让大树和草儿都披上一层白白的纱衣一样，美轮美奂。

如果再冷一些，还会用到雪魔法；在南方的冬天可能一年只能用上一两次，所以云朵仙子大部分时间都飞去了北方。但随着冷空气的来临，云朵仙子就更忙了，需要飞来飞去地施展雪魔法。雪魔法是更高一级的魔法，要把气态的水直接变成固态的雪；云朵仙子消耗特别大。

有一天夜晚，一股强冷空气席卷了南方，云朵仙子急急忙忙从北方赶来后就立马施展魔法。"呜啦啦，呜呼啦呼，雪变！"直到把五个不同地方的雪魔法都施展完后，云朵仙子才敢倒地。她太累了，但是她不允许自己倒在岗位上。大地妈妈知道了，心疼地看着小云朵说："歇歇吧，你已经做得很棒了！"

一年四季，云朵仙子的雨露霜雪雾魔法带给大自然不同的滋润。冬去春来，万物也在这滋润下一代又一代地成长着。

课本联通

　　我饮着朝露酿成的琼浆，听着小鸟的鸣啭、歌唱；我婆娑起舞，芳草为我鼓掌。我总是仰望高空，对光明心驰神往；我从不顾影自怜，也不孤芳自赏。而这些哲理，人类尚未完全领悟。

义务教育教科书语文六年级节选

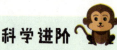

科学进阶

　　水蒸发变成水蒸气上升到一定高度后，遇冷变成小水滴组成了云，它们在云里碰撞合并成大水滴，等大到空气托不住的时候，就落下来形成了雨。露是温暖的季节里地面的物体表面析出的水汽。其形成原理是：地面的物体白天经过强烈的照射，温度变得非常高，接触到了在夜晚降到了"露点"以下的空气，由此在表面析出水汽，然后液化而成水滴附着在物体表面。霜是夜间植物散热慢，地表的温度又特别低，水汽散发不快，还聚集在植物表面时就结冻形成的。大气在零摄氏度以下时，水蒸气则直接凝固成雪降落地面。雾是空气中的暖气流遇冷在地面附近液化而成。

灵光乍现

　　雪和冰是一样的吗？为什么雪花有形状？

 谁是花王

清晨，花园就热闹非凡了，原来是花界要举行盛大的花王争夺赛。报了名的小花都非常**积极**，不是在精心打扮自己，就是努力地研究展示的动作。

牡丹花的裙子非常多，挑来挑去都不知道穿哪个才好。这次，对于拿下花王的头衔她十

分自信，论艳丽谁能比得过她牡丹花呢？于是，她穿了一层又一层，奢华极了。

玫瑰花倒是早早挑好了一条泡泡袖蛋糕卷边裙，并往裙子上喷了香水，企图通过视觉和嗅觉来俘获评委。

百合花则比较素净，主打的就是清新淡雅，一条白色镂花小裙搭配淡绿发箍很难不让人留意。她可不像其他小花们穿得那样鲜艳俏丽，而是追求**别具一格**的风格。

水仙花则躲在角落里反复研究自己金色王冠搭配水晶裙的效果，典雅是她向来的风格。

过了好一会儿，一切都已准备就绪，打扮得漂漂亮亮的花儿们迎面走来，她们个个信心十足，**春风满面**……

只有一朵小花儿独自站在旁边，没有一点要参加比赛的意思。事实上，她压根就没报名，也完全不想争夺什么花王。她的全部家当就是一条既不鲜又不美的黄色布裙，算不上真正的裙子，围在身上一点儿也不好看。

首先，走上台的是**婀娜多姿**的玫瑰花。只见她大步流星地走上台来，尽情地展示着她的卷边蛋糕裙，挥舞着让身上的香气散发出去。她自信地说："我们玫瑰有很多品种，颜色多种多样，深受人们的赞美，很难说不是当之无愧的冠军。"说完，她款款地走下台。

接着，牡丹花身着一条大红色拖地长裙登场，裙上绣满了精美的花纹，还镶嵌着好几颗钻石，可谓奢华极了。她微微一笑："我们牡丹花色泽艳丽，**富丽堂皇**，素有'花中之王'的美誉。

我不是花王，谁会是呢？"

选手们都一一亮过相后，主持人蜜蜂大声宣布："本次比赛的冠军是——菊花！"

玫瑰花听了一脸不满地说："我明明比她美，为什么冠军不是我？"

"是啊是啊，她都没展示自己凭什么是花王。"水仙花一脸傲娇地说，十分不服气。

最惊讶的是菊花，她对花王的头衔居然颁给了自己**难以置信**，谁给她报的名呢？原来是菊花的好朋友莲花。

菊花抬眼朝着水池边看去，只见莲花冲着菊花俏皮地眨了一下眼睛后，就示意她大胆上台领奖。菊花**小心翼翼**地走上舞台，等待重磅嘉宾狮子先生给自己颁奖。而台下却是一阵骚乱和不服气的碎语，这让菊花很是尴尬。

这时，评委蝴蝶说："菊花是中国传统名花。她隽美多姿，不以娇艳姿色取媚，却以素雅坚贞取胜，盛开在百花凋零之后。更重要的是，她生时凌霜盛开，亡时甘为药用，奉献自我。"

"是的，外表的美艳往往转瞬即逝，心灵的美好总是能穿

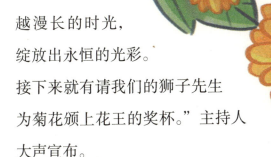

越漫长的时光，
绽放出永恒的光彩。
接下来就有请我们的狮子先生
为菊花颁上花王的奖杯。"主持人
大声宣布。

　　"恭喜你，菊花！"狮子先生为
菊花递上奖杯后说。

　　"谢谢。"菊花有些不好意思地说。

　　"好的，那么接下来就是此次大会的最后一
个环节——请新一届花王发表感想。"主持人说罢
将话筒递给了菊花。

　　菊花有些错愕，愣了一会儿后，还是用不大不小的声音
说道："首先，很感谢评委老师对我的认可，这是我莫大的荣
幸。我相信在场还有很多的花儿都有默默作出自己的贡献，却不
为人知。但是，我们选择做什么，从不是看最后能否获得什么好
评或奖励，只求问心无愧，于他者有益。同时，希望这个奖也能
激励我在未来的日子更能耐住寂寞，坚持初心。谢谢大家！"

　　听罢，玫瑰、牡丹、水仙等都羞愧地低下了头，现场响起了
一阵热烈的掌声。的确，外表美不过是转瞬即逝，心灵美则是永
恒绽放。

课本联通

过故人庄

〔唐〕孟浩然

故人具鸡黍，邀我至田家。

绿树村边合，青山郭外斜。

开轩面场圃，把酒话桑麻。

待到重阳日，还来就菊花。

义务教育教科书语文六年级节选

科学进阶

　　菊花是菊科菊属多年生草本植物，由某些野生菊经种间杂交演化而来，头状花序，外围为舌状花，花瓣大小、形状变化很大，有平瓣、匙瓣等多种。不同的瓣形，形成不同的花型。菊花多在秋季开放，花期为9~11月，但是夏菊一般是在7~8月盛开。

　　菊花可药用，味甘、苦，性微寒，主要功效与作用是疏散风热、平肝明目、清热解毒。

灵光乍现

1 中国自古就有咏菊颂菊的传统，你还知道哪些诗人写过有关菊花的诗歌吗？

2 菊花除了泡茶外还可以什么方式起到清热解毒的作用？

彩虹骗局

夏天的雨就是多，前几天才下过雨，今天又下雨了，不过雨后会很凉快。这也是小熊不那么讨厌雨的原因。

很快雨停了，天空放晴了。"好漂亮啊！快看！"小熊仿佛发现了什么宝贝。

"什么呀，**大惊小怪**的！"小猴顺着小熊手指的方向看去，原来是一道彩虹。

"好漂亮的彩虹啊！"小猴惊叹道。

"走，咱们去找彩虹吧！"

"找彩虹？怎么找？"小猴很纳闷。

"彩虹离我们一定不是很远！"还没等小猴反应过来，小熊已经顺着彩虹的方向跑去了。

于是，小猴也紧跟在后面去找彩虹了。他们穿过了森林，又经过了一条小河，但还是没有见到彩虹。小猴**气喘吁吁**地说：

"小熊，我们怎么还没到啊，彩虹明明看着离我们很近啊？"

"我也不知道，不过我相信我们很快就会看到了，再坚持一会儿吧！"小熊安慰小猴说。

他们又穿过了一座森林，来到了一座大瀑布前，终于看见了一道巨大的彩虹挂在瀑布上。彩虹有着赤、橙、黄、绿、青、蓝、紫七种色彩，闪闪发光。小熊说："好美啊，像是一条七彩的绸缎在天空中飞舞！"

"对啊，还像是一座七彩的拱桥，真想上去玩一玩。"小猴也**兴高采烈**地发出感叹。

"对了，你带相机了吗？我想拍下来给爷爷奶奶看。"小熊突然问道。

"啊！我没有，走太急没想起来，我也想拍下来给爸爸妈妈看。"小猴说。

几分钟后，彩虹忽然消失了，小熊和小猴都很失望和**惋惜**，因为他们还没有来得及拍下来给自己的家人看。

这时，小狐狸背着包走了过来，对他们说："我会变彩虹，请你们欣赏！"说罢，他从包里掏出一个小喷雾器和一瓶水，把水倒进喷雾器中，背对着太阳喷起来，天空中果然出现了一道小彩虹。狐狸又拿出许多瓶子说："这里装的都是变彩虹的魔法药水，10元钱一瓶，不灵倒赔100元。"小熊和小猴**犹豫不决**，他们对狐狸的话有点怀疑，但又真的很想家人们也能见到彩虹。

小猴把小熊拉到一边小声地说："我感觉这个狐狸鬼鬼祟祟的，要不我们还是别买了。"

"可是……我真的很想把彩虹带回家。"小熊委屈兮兮地说。

"好吧，好吧，那我们就买一瓶吧。"看着小熊渴望的眼神，小猴也不忍心再劝说了。

正当他们准备掏钱给狐狸的时候，大象走过来说："你们不要上当，我也能变出彩虹！"只见大象把他的长鼻子甩到河边，猛吸一口水，然后背对着太阳喷出去，水花飞溅出一个弧度，天空中同样出现了一道彩虹，惊呆了小熊和小猴。

"天呐，这是怎么回事，彩虹怎么会这么容易就出现了？"小熊不可思议地问。

"对啊对啊，我们跑了那么远的路才见到彩虹，怎么你用普通的河水就能变出彩虹呢？"小猴也不明所以。

大象解释说："彩虹是一种自然现象，只有雨后才会出现。因为雨后天空还飘浮着大量水雾，经过阳光的反射和折射就形成彩虹。"小熊和小猴一下子明白了。

狐狸眼见骗局被揭穿，想偷偷地溜走。"站住！休想跑！"大象厉声喝止道，"快抓住他交到警察局！"

小熊一个箭步冲到了狐狸面前，一把把他拎了起来，**义愤填膺**地说："可恶，你这个狡猾的骗子，居然想骗我，看我不送你进监狱。"

"哼，我又没有骗成功，你们凭什么抓我？"狐狸被小熊抓住以后还在狡辩。

"没成功骗到我们就不是骗人了？谁知道你之前有没有骗别人，之后还骗不骗人呢？不要再狡辩了，快点跟我们一起去警察局。"大象严肃地说。

"对，劝你不要挣扎，坦白从宽，抗拒从严！"小熊也生气地说着。

"救命啊，有人欺负无辜的小狐狸啦！"狡猾的狐狸边哭边叫喊着，心里谋划着找机会溜走。旁边的小猴把他的**装模做样**看得清清楚楚。于是，小猴走过来抓紧狐狸的尾巴说："别演了，休想逃跑，一起见警察去。"

狐狸见没有机会骗过这群家伙便放弃了，耷拉着脑袋任由小熊和大象架着。

最后，大象和小熊、小猴一同把狐狸送到了警察局。

41

课本联通

菩萨蛮·大柏地

毛泽东

赤橙黄绿青蓝紫，谁持彩练当空舞？

雨后复斜阳，关山阵阵苍。

义务教育教科书语文六年级节选

科学进阶

　　彩虹，又称天弓（客家话）、天虹、绛等，简称虹，是气象中的一种光学现象。当太阳光照射到半空中的水滴，光线被折射及反射，在天空上形成拱形的七彩光谱，由外至内呈赤、橙、黄、绿、蓝、青、紫七种颜色。事实上彩虹有无数种颜色，但为了简便识记就用七种颜色加以区别。

　　其实只要空气中有水滴，而阳光正在观察者的背后以低角度照射，便可以观察到彩虹现象。彩虹最常在下午雨后刚转天晴时出现，这时空气中尘埃少而充满小水滴，天空的一边因为仍有雨云而较暗，同时，观察者头上或背后已没有云的遮挡而可见阳光，因此容易看到彩虹。在晴朗的天气状况下，背对阳光在空中洒水或喷洒水雾可以制造人工彩虹。

灵光乍现

你还知道哪些神奇的光学现象？原理是什么？

鞭炮和烟花

"过年啦！过年啦！"月光森林里到
处洋溢着祝福的声音。小猫妙妙和小兔
乖乖在空地上放起了鞭炮，他们点燃
鞭炮上面的引线，然后迅速跑开，
过十几秒就能听见"砰"的一
声，一阵又一阵的。"哈哈哈，

好好玩啊！"妙妙高兴得**上蹿下跳**。

"你们这个不好玩，我的才好玩。"突然传来一个声音，妙妙和乖乖回头一看，原来是小猴奇奇，只见他把一个大家伙摆在空地上，点燃引线，等了好一会儿，一声"哧"，又一声"砰"，天空中绽放出了数朵耀眼的烟花，就像开出了一朵又一朵彩色的花一样。

"哇！这也太美了，还是五颜六色的。"妙妙和乖乖都惊叹道。

"怎么样？我没说错吧？我的烟

花可好玩了!"奇奇满脸骄傲地说道。

　　妙妙和乖乖已经听不进奇奇在说什么了,他们盯着天空,沉醉在绚烂夺目的烟花中。但是乖乖不明白:为什么鞭炮就只有声音而没有这种五颜六色的光呢?

　　第二天,大象博士来到乖乖家拜年,乖乖知道大象博士是月光森林里最博学的了,就赶紧抓住机会说出了心中的疑惑。大象博士听了不好意思地说道:"呀,乖乖,你这个问题我还真的答不上来,我是研究地理的。我想我的好朋友熊博士应该能回答你,他是研究化学的。""那我怎么才能找到熊博士呢?"乖乖问。"不用找,你写封信给我,把你的问题写清楚,我转达给他就行了。"大象博士说。"好啊,我现在就写。"乖乖太想知道这其中的原理了。

　　过了两天,乖乖果然收到了熊博士的回信,信里写道:鞭炮一般除了火药什么也不加,而烟花通常还会添加一些金属化合物,以增强焰色反应。不同的金属和金属离子在燃烧时会呈现出不同的颜色,所以烟花在空中爆炸时,会绽放出五彩缤纷的火花。但是烟花和鞭炮的主要成分都是木炭粉、硫黄粉、金属粉末等，在氧化剂的作用下，其可以发生化学反应迅速燃烧，产生二氧化硫、一氧化氮、二氧化氮等有害气体及金属氧化物的粉尘，这就是燃放烟花和鞭炮之后，空气中会出现呛人的刺激性味道的原因。当空气中这些有害物质的浓度超过标准时，会严重危害健康。所以，还是尽可能少放烟花和鞭炮为好。

原来如此，虽然烟花很美，但是它也确实有很强的破坏性，还是要听熊博士的话少放，乖乖心想。熊博士的信不仅解答了乖乖的疑惑，还提醒了乖乖燃放烟花和鞭炮的危害。于是，乖乖和小伙伴们也都一一解释了其中的原理，并阐明了燃放烟花和鞭炮的危害，希望大家一起保护森林，毕竟森林是大家的家，不能为了一时的开心就破坏自己的家园，还危害自己的健康。

课本联通

升旗的时候，礼炮响起来。每一响都是五十四门大炮齐发，一共二十八响。起初是全场肃静，只听见炮声和乐曲声，只听见国旗和其他许多旗帜飘拂的声音，到后来，每一声炮响后，全场就响起一阵雷鸣般的掌声。

义务教育教科书语文六年级节选

科学进阶

鞭炮和烟花都是以烟火药为主要原料制成，引燃后通过燃烧或爆炸，产生光、声、色、型、烟雾等效果。鞭炮一般除了烟火药什么也不加，而烟花通常还会添加金属元素增强焰色反应。除了金属和金属化合物外，人们还会在烟花里加入氧化剂、助光剂和黏合剂。氧化剂在燃烧时会产生大量氧气，起到助燃和使烟花颜色更加鲜艳的作用；助光剂能提高烟花亮度；黏合剂用来将粉末状的化合物组成大小不一的光剂颗粒。尽管烟花绚丽多彩，鞭炮可以增添节日的气氛，但是近年来多个城市相继在不同的区域实施禁燃禁放措施，主要是由于过量燃放烟花和鞭炮会对人体和环境产生很大的危害。

灵光乍现

日常生活中涉及化学反应的事物有很多，你还知道有哪些吗？原理是什么？

 冬青枝上雪花香

花园里百花齐放，**争奇斗艳**，好不热闹！

一株身材娇小的冬青静静地长在花园的角落里，非常不起眼，**无人问津**，甚至连在同一片土壤生长的花儿也看不起他。玫瑰离冬青最近，她怒气冲冲地说："你是从哪儿来的？长在我旁边都挡着我的风采了。我可是爱情的象征，浪漫和幸福的代名词。花朵鲜艳，香气浓郁，正是送给心上人最好的礼物。再看看你，绿得傻愣愣的，赶快离我远一些。"

水仙也附和说:"就是嘛!就知道杵在那,一动也不动,像个呆呆的傻子,把我们花园的脸都丢光了。"

月季跟着说:"他就是一个愣头青,一点生气都没有,跟我们的婀娜多姿相比,简直是个跳梁小丑!"

牡丹听到这话笑弯了腰,说:"你们快看啊,瞧他开的花,真是笑死人,跟个小不点似的,还没开几天呢,看起来就要掉光了。"说罢,牡丹更是伸展起了她的身子,朝着冬青的方向尽情地展示自己那花团锦簇的美貌。

"小不点!小不点!掉光啦!掉光啦!"其他的小花儿也跟着大声起哄嘲讽。

的确，冬青长得**其貌不扬**，他的新枝是灰绿色的，老的树干则是深褐色的，看上去黑不溜秋，而且树干上满是疙瘩，一副**饱经风霜**的样子。虽说冬青树在生物分类上归属于乔木，可实际上冬青树不过一米高，一簇簇的，像灌木一样。

但是冬青不明白，他的花儿虽然小，可是却有一种独特的香气，在艳丽的花园里，虽说不是最美，但也可以说是清新中透着雅致吧。可惜他不擅长辩驳什么。

冬青默默地待在角落里听她们七嘴八舌地谈论自己，虽然真的很难过，但是还是没有说话。他只是坚信一点，时间自会证明一切，会证明最平凡的花不需要他人的赞扬也能够有一番独特的

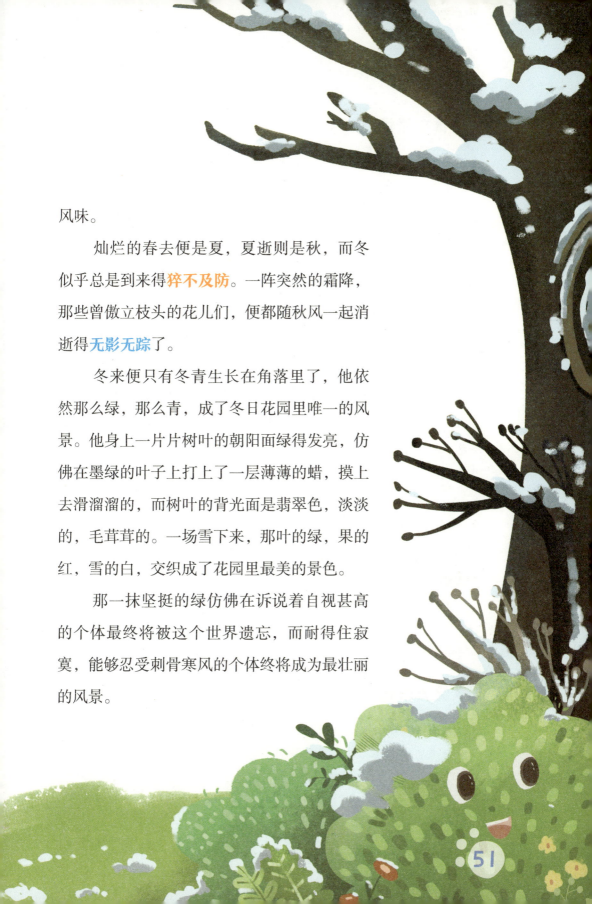

风味。

　　灿烂的春去便是夏，夏逝则是秋，而冬似乎总是到来得**猝不及防**。一阵突然的霜降，那些曾傲立枝头的花儿们，便都随秋风一起消逝得**无影无踪**了。

　　冬来便只有冬青生长在角落里了，他依然那么绿，那么青，成了冬日花园里唯一的风景。他身上一片片树叶的朝阳面绿得发亮，仿佛在墨绿的叶子上打上了一层薄薄的蜡，摸上去滑溜溜的，而树叶的背光面是翡翠色，淡淡的，毛茸茸的。一场雪下来，那叶的绿，果的红，雪的白，交织成了花园里最美的景色。

　　那一抹坚挺的绿仿佛在诉说着自视甚高的个体最终将被这个世界遗忘，而耐得住寂寞，能够忍受刺骨寒风的个体终将成为最壮丽的风景。

下课后，眼巴巴看别的同学重新开战，玩得欢，不禁沮丧得要命，便一起悄悄溜到办公室窗户下的冬青丛里转悠，希望老师能像往常一样，把没收的东西扯散了，随手扔出窗外。

义务教育教科书语文六年级节选

 **科学进阶**

冬青，别名冻青、槲寄生，是冬青科冬青属乔木，称槲寄生是因为它依附在桑树、榆树、杨树、桦树等北方常见树种上寄生。喜温暖气候，但极能耐寒。叶片椭圆形或披针形，先端渐尖；叶面绿色，有光泽，树干深褐色，背面淡绿色；花淡紫色或紫红色，花萼浅杯状，花瓣卵形，花药椭圆形，花期很短，在每年春夏之际开放，一夜之间花就全部凋谢。果实球形，成熟时红色，背面平滑，果期为7~12月。

冬青为中国常见的庭园观赏树种；木材坚韧，可用于制作玩具、雕刻品、木梳等；树皮、根、叶、种子均可入药，具有清热利湿、消肿镇痛之功效。

 灵光乍现

① 冬青、松树都是我们熟知的四季常青的树，你还知道哪些四季常青的树木？

② 很多植物的花、果、树皮可以入药，你都知道哪些呢？

古代外星人之谜

小鹿霜霜从小就特别爱看科技类书籍，同伴们都叫她"小博士"，而且，森林里的小动物都知道霜霜的梦想是成为一名宇航员。所以，叮咚森林实验学校在中秋节组织学生到科技馆参观体验，霜霜兴奋得不得了，第一个就报了名。

盼啊，盼啊，中秋节这天终于到了！在啄木鸟老师的带领下，霜霜和小伙伴们来到了向往已久的科技馆。一走进科技馆大厅，霜霜就被眼前五花八门的科技展品迷住了。科技馆共四层，包括科技乐园、科技资讯、能源材料、生命科学、4D 影院、天象厅等 18 个展区。走进科技馆，就像走进了一座科技体验之城……

霜霜**迫不及待**地上了二楼展区的生命科学展区，她看到了各种各样的宇宙飞船模型和一些太空植物、太空食品。这些东西让同学们大开眼界，了解了更多的航天科学知识与宇宙空间知识。其中最**引人注目**的就是来自火星的一抔土。棕熊讲解员说："你们可别小看这一抔土，这也许就能成为火星上是否存在过生命的证据。"

啄木鸟老师也说："是啊，其实在中国古代就有关于外星人的相关记载。比如，据东晋王嘉所著《拾遗记》记载，4000 年前的尧帝时代，一个巨大的船形飞行物漂浮在西海上空，船体亮光闪烁，缓缓飘移。船上的人戴冠，全身长满白色的羽毛，无翅而能在高空翱翔。"

霜霜问："那这本古书记载的是真的吗？"

啄木鸟老师笑了笑，说："目前还在考证呢，相信随着时间的推移，一切会水落石出的。不过这至少说明了，从古至今，关于外星人是否存在的问题一直是有人在探究的。"

"那我以后也要研究！我要成为航天员，去找到外星人存在的证据。"霜霜坚定地说。

"哈哈，霜霜真是个志存高远的孩子，老师相信只要努力学习，你一定能实现自己的梦想的！"

随后霜霜在讲解员和老师的带领下，来到了四楼——4D影院，同学们拿着工作人员发放的特制眼镜进场了。戴上这种特制眼镜后，电影里展示的太空中的景象仿佛就在自己身边，霜霜感觉自己好像真的来到了太空。呀！太阳在一点一点靠近了，霜霜好像感觉到热气扑面而来，整个人要被点燃了。在场的所有同学都发出了"啊——"的一片尖叫声。科技馆之旅就在一阵又一阵的惊呼声中结束了。

　　最后啄木鸟老师在科技馆门口组织大家进行了合影，并对同学们说："同学们，我们今天的科技之旅到这里就要结束啦。老师从同学们的惊呼声中感受到了大家的收获满满，但是老师希望大家不要只是停留在感慨中，一回到家就忘记了。所以，老师给大家布置一个小小的任务，写一写今天的感受和你对宇宙的畅想！"

　　"老师，我们什么时候还能再来科技馆？我今天还没看够呢？"有同学问道。

　　"对啊，老师，我们真的还有好多疑问呢！"另一位同学附和说。

　　"同学们不要着急，以后老师还会带领大家探索更多有趣的地方，今天先回家！"于是，啄木鸟老师又领着同学们朝着回家的方向走去。

　　走在回家的路上，霜霜**依依不舍**地又回头望了望渐渐远去的科技馆，心里产生一种强烈的愿望："也许不久的将来，我真的能找到证明外星人存在的证据！"

课本联通

古时候，科学不发达，人们一直向往着"天上的世界"。于是，有了许许多多的故事：嫦娥奔月，仙女下凡，蟠桃盛会……现在，科学发达了，人们知道那都是古人编出来的。但是，地球之外的太空中是否有生命存在，仍然是一个吸引人的问题。

义务教育教科书语文六年级节选

科学进阶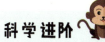

对火星环境中存在有机分子的发现，可能是人类很早就猜测的火星存在生命迹象的证据之一。目前，探测器发现的有机分子可能有多种来源。一些可能来自火星表面上受到紫外线辐射的物质，而一些则来自火星内部。然而并没有证据可以完全确定这些有机分子跟火星存在生命有关。化学反应或其他非生命因素同样可以产生这些分子。尽管如此，对这些发现的研究仍意义重大，因为它进一步推动着对火星的认识和理解。在证实火星曾经存在积水的情况下，现在火星上能检测到有机分子，这表明，在10亿年前火星表面存在水分的情况下，火星存在生命的可能性变得更明显。虽然仍然无法确定火星上真实存在生命，但科技的发展正引领人们探索太阳系中更多神秘的事物。

灵光乍现

1 对于太空，除了外星人是否存在，你还好奇什么呢？

2 假如你能上太空探险，你最想带什么随身物品？

穿越千年的"黑科技"

夏天到了，月光森林的音乐厅正在举行一场盛大的音乐会。小鹿、小兔子、小山羊、大象、小猴子、小狮子等小动物坐在音乐厅里，沉醉在百灵鸟和她的乐团的美妙旋律之中。百灵鸟不愧是著名的音乐家，她站在舞台上，动情地唱着，就像精灵一样优雅。

百灵鸟唱完一曲以后，紧接着是小蜜蜂乐团的合唱，熊猫老师是指挥家。和百灵鸟**沁人心脾**的歌声不同的是，小蜜蜂乐团的合唱雄浑激昂。在场的观众们一会儿如上山巅，一会儿如临大海，情绪也跟随着演奏或高或低地起伏、荡漾。

小动物们一个个竖起耳朵，伸长脖子，连眼睛也舍不得眨一下，生怕错过任何一个音符。正在小动物们听得入迷的时候，"丁零零——丁零零——"，突然一阵短促的铃声响起，大家都吓了一跳，小动物们感觉地面都颤动了起来。

"不好，这是地震的报警信号！"受惊的小鹿第一个蹿了

出去。

　　一听是地震，现场的氛围霎时从温馨转变成惊慌。

　　"地震了！大家快按绿色通道的指示疏散！"小猴、小狮子也大叫着，跟在小鹿后面狂奔起来。

　　"快跑，地震了！"小山羊、小兔子喊着，"呲溜"一下子跳出门逃远了。慌乱中，小狐狸踢飞了大象的鞋子；大象踩住了小松鼠的尾巴……小动物们滚的滚、爬的爬，眨眼间就不见了踪影。百灵鸟也拉着乐团成员急急忙忙地飞了出去。

　　现场一片狼藉。舞台的幕布掉了下来，观众们的零食散落一地，大厅的几根大的木柱子晃得很厉害，叫人看了心惊肉跳。"大家别着急，有序撤离，不要回去捡自己的东西了，很危险。"百灵鸟到达门口后朝着大厅里还没有逃出来的小动物们喊道。

终于，大家都逃到了森林的空地上，只见音乐厅**摇摇欲坠**，旁边的商店已经轰然倒地了。小动物们**惊魂未定**地瘫坐在空地上。"大家都还好吗，有没有落下的？有没有受伤的？"啄木鸟主任带着一队救援人员火速赶来。原来音乐厅这边是地震的震中附近，遭受的破坏很大。百灵鸟点了点人数，回答说："主任，没有落下的，大家听到地震报警的声音就立马沿逃生通道跑到远离建筑物的空地上了。"

　　"真是万幸，大家快到空地上好好休息，有需要帮助的及时和救援人员说。我们的补给马上就能到达，大家不用担心！"啄木鸟主任安慰现场的观众们说。

"主任，我们音乐厅的都没事，大厅的柱子只是晃得厉害并没有倒下，您和救援队还是赶紧去附近看看有没有其他受伤的小伙伴吧。"狐狸坐在地上对啄木鸟主任说。

"好的，大家先原地休息，不要随意走动。"啄木鸟主任再三叮嘱。

这时，小山羊惊奇地发现，音乐厅周围的建筑都倒了，音乐厅竟然还稳稳地立在原地，只有边缘的几处小地方被压掉了一点点。"大家快看，音乐厅没有倒！"

"天呐，周围的商店都倒了，怎么音乐厅这么结实？"

"是啊是啊，这是怎么回事啊？"小动物**七嘴八舌**地感叹了起来。

熊猫老师惊叹道："果然是古人的'黑科技'啊，竟然真的有如此强大的抗震能力。"

"老师老师，什么'黑科技'啊？"小山羊用渴望的眼神看着熊猫老师问。

"你们看，周围的水泥建筑都倒了，而音乐厅却没倒。其中的原因就是十几年前建造音乐厅的时候，参考了故宫建筑的结构模式，以木结构作为建筑的主体，采用几千年前就出现了的榫卯结构，加强了建筑的稳定性。榫卯结构进行嵌套时会留下一些微小的空隙，使整个建筑具有一定的柔韧性和弹性。遇到重力或者地震时，榫卯结构允许材料产生一定的变形，从而使建筑物不会轻易被折断而倒塌。"

"原来如此，古人真的好有智慧啊，这'黑科技'简直是穿越了千年依旧难以超越呢！"大象感叹道。

"天呐，这也太厉害了，这么久了，这项技术都不过时。"其他小动物也惊叹不已。

"而且，这榫卯结构不仅具有实用性，还具有审美性呢！榫卯结构不会影响到器物的外形，它会保留器物的外表，只让器物的内部结构发生变化。这种完整和谐的视觉特征，有一种连贯的、浑然天成的美感。"熊猫老师颇为自豪地感慨着，现场的其他小动物也都被这种精美的古代技艺所折服。

地震结束后，啄木鸟主任请来了建筑修复专家历时一年将这座木制结构的音乐厅恢复如初了。主任说："虽然很耗费人力财力，但是也要修复好，为的是让更多未来的小动物能见证古人的'黑科技'，学习古人的智慧。"

课本联通

太和殿俗称金銮殿，高二十八米，面积两千三百八十多平方米，是故宫最大的殿堂。在湛蓝的天空下，那金黄色的琉璃瓦重檐屋顶，显得格外辉煌。殿檐斗拱、额枋、梁柱，装饰着青蓝点金和贴金彩画。正面是十二根红色大圆柱，金琐窗、朱漆门，同台基上的白色栏杆相互衬映，色彩鲜明，雄伟壮丽。

义务教育教科书语文六年级节选

科学进阶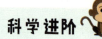

故宫自1420年建成后，距今已有600多年历史，是我国最大的古建筑。故宫位于燕山地震带，据记载，它已经经历了大大小小的地震200多次，却依旧稳稳屹立于北京城内。其中的秘诀就在于木构建筑的榫卯结构可以缓冲地震的威力。榫卯是由榫头和卯眼两部分组成，将它们进行嵌套固定后，可以加强建筑的稳定性。榫卯结构在进行嵌套时会留下一些微小的空隙，使整个建筑具有一定的柔韧性和弹性，这使它在遇到重力或者地震时，允许材料产生一定的变形，不会轻易被折断而倒塌。它的每一个零件都能在遭遇地震时，吸收地震的冲击力，将冲击力向下传递，起到卸力作用。

 灵光乍现

除了榫卯结构，斗拱的建筑方式也是古建筑的精髓。查资料，了解它的独特作用。

神奇的桥

　　月光森林的居民们最近很烦恼。森林东边的大河上的那座大桥倒塌了。小羊绵绵要去阳光草原找外婆的计划推迟了，熊爷爷想要去附近的集市卖蔬菜被**耽搁**了，小猴奇奇想带妈妈出去旅行的计划也搁置了。

　　这天，狐狸问杂货铺的大象太太："上午的生意怎么样？"

　　"糟透了，只卖掉了一袋面粉。"大象太太耷拉着脑袋说。

　　"我们家也一样，桥塌了，游客们都没办法来森林游玩了。"狐狸也对大桥倒塌的事**忧虑不已**。

　　"听说那桥已经没办法修复了。"大象太太低声说。

　　"是的，我们只能建一座新桥！"狐狸说。

　　这时，啄木鸟主任和

狮子先生朝杂货店走了过来，狐狸和大象太太迎了上去。

"主任，我们的桥什么时候能修好啊？"大象太太**愁眉苦脸**地问。

"造一座桥的成本实在太高了，要设计费、材料费、人工费，等等。我们付不起这笔高昂的费用。"啄木鸟主任为难地说。

"但是，没有沟通两岸的桥，我们不仅生活不方便，也会活不下去的，"大象太太说，"现在都没有游客了。"

这时候，狮子先生**斩钉截铁**地说："你们放心，我们正在积极地想办法解决，不会**置之不理**的！"

原来他是森林新上任的林长，负责管理整个森林大大小小的事宜。有他发话狐狸和大象太太就安心多了，便没再多问。

过了几天，狐狸看见一个熟悉的背影正在桥梁倒塌处走来走去，不知道忙活些什么。走近一看，竟然是很久不见的小鹿霜霜，"霜霜姑娘，你在塌了的桥这里转悠什么呢？"

"狐狸大哥，我在测量呢！"霜霜回答道。

"你测量干什么，难不成你要建这座桥？不会吧？"狐狸一脸疑惑，但更多的是惊讶。

"狐狸大哥，我当然可以建桥啦！我现在是建筑设计师，主攻桥梁设计。"霜霜自信地回答道。

"想不到啊，霜霜姑娘这么厉害，现在就已经是建筑设计师了，真不错。"狐狸大哥感慨道。

"是的，作为森林的一员，我有义务为森林作出自己的贡献，所以，啄木鸟主任命我担任重建大桥的总负责人的时候，我非常荣幸能为养育了我的森林贡献自己的力量。"

"原来如此，霜霜姑娘真有责任感，森林里的居民都十分需

要这座大桥，大家的生活能不能恢复正常就靠你了，我们都为你加油！"狐狸大哥平静的语气中带着一丝**恳切**。

"而且，我们的建筑团队也都是森林的成员，大家都是为了森林恢复正常的生活而义务劳动的。"霜霜自豪地介绍。

"那让我也加入你们来共同建设我们的森林吧！"狐狸大哥激动地和霜霜说。

最后，经过半年的努力，霜霜终于带领她的团队为月光森林重新建起了一座大桥。这座桥结合了赵州桥和卢沟桥的特色，将桥的功能尽数发挥了出来。桥全长二十多米，宽四米多。全部采用石头砌成，没有桥墩，只有一个拱形的大桥洞，横跨在河面上。大桥洞顶上的左右两边，各有一个拱形的小桥洞，既减弱了流水对桥身的冲击力，使桥不容易被大水冲毁，又减轻了桥身的重量，节省了石料。除此之外，还采用银锭铁榫这种两头宽、中间窄的结构来连接石料，大大加强了桥的抗压能力。

大桥建成仪式这天，全森林的动物们都来了。见到大桥的那一刻，大家都**瞠目结舌**，眼前是一座极其巍峨雄伟的白色大桥。倘若远远望去，白桥就像一条白色的巨龙横卧在河上。它是月光森林通往世界的交通要道，也是森林的经济命脉之一。

主任让霜霜发表一下建造心得，霜霜也没有说很多，只是反复强调着，古代人民留给我们的桥梁建筑技术值得我们大家去铭记，去传承。

村庄惊醒了。人们翻身下床，却一脚踩进水里。是谁惊慌地喊了一嗓子，一百多号人你拥我挤地往南跑。近一米高的洪水已经在路面上跳舞了。人们又疯了似的折回来。

东面、西面没有路。只有北面有座窄窄的木桥。

死亡在洪水的狞笑声中逼近。

人们跌跌撞撞地向那木桥拥去。

义务教育教科书语文六年级节选

 科学进阶

中国古代的桥梁，主要分为木桥、石板桥和石拱桥三类。木桥是用木材建造的桥梁，木桥使用得很早，原因在于建筑材料较为容易得到。木桥的优势在于取材便利、建筑快捷，缺点在于耐性差，不能长期利用。石板桥则是几个石墩托住一块大石板，横跨水面，比木桥更耐用，缺点在于没有扶手栏杆，用久了会磨损，因此后期会不稳，甚至断裂、残缺，在安全性方面较差。石拱桥是用天然石料作为建筑材料的拱桥，这种拱桥有悠久的历史。石拱桥的优势在于形态优美、坚固牢靠，同时还有抗震能力。著名的赵州桥、卢沟桥都是石拱桥，保存完整且抗震。

 灵光乍现

除了赵州桥、卢沟桥，你还知道哪些具有特色的古代桥梁？

爱吃蚯蚓的鱼儿

在月光森林附近，有一个大大的鱼塘，里面生活着许许多多的小鱼。小鸭子一家就生活在月光森林里，小鸭子的爸爸是狂热的钓鱼爱好者，每个周末都会去这个鱼塘钓鱼。久而久之，小鸭子也对钓鱼充满了好奇，就央求爸爸也给他买一个小鱼竿，他也想体验钓鱼的乐趣。鸭爸爸经不起小鸭子的**软磨硬泡**，便答应买个小鱼竿，下次带他一起去钓鱼。

一天下午，小鸭子和爸爸拿上渔具，走路前去池塘钓鱼。一路上，小鸭子蹦蹦跳跳的，开始幻想起来自己钓到大鱼的样子。"爸爸，我们今天一定能钓到大鱼的吧？这样我就能吃上红烧鱼了！"小鸭子兴致高涨地回头看着鸭爸爸，期待从鸭爸爸嘴里听到肯定的答复。

　　"嗯，那是当然了。"其实鸭爸爸自己也不确定，但是他不想扫了小鸭子的兴。等到了的时候，小鸭子就被眼前生机勃勃的景色吸引了。清澈见底的鱼塘如同一面巨大的银镜，鱼塘边长着一排高大的杨柳，正随风舞动着那婀娜多姿的身段。鱼塘里的鱼儿游来游去，偶尔调皮地吐几个气泡，可爱极了。

　　小鸭子和爸爸打开工具包，各拿了一根鱼竿。鸭爸爸拿出一大块鱼食，揪了两小块下来，分别挂在两根鱼竿的鱼钩上，并调好了鱼漂，然后转身将一个鱼竿递给了小鸭子。小鸭子看着爸爸将鱼竿一甩，就把鱼钩抛进了池中，接着，便坐了下来，静静地等待贪嘴的鱼儿上钩。小鸭子学着爸爸的样子将鱼竿甩进水里，然后满怀期待，大声地问爸爸："爸爸，小鱼多久才会上钩？"

　　鸭爸爸小声对小鸭子说："嘘，我们不能说话，也不能乱跑，不然小鱼会被我们吓跑的。"

　　于是，小鸭子听了爸爸的话，拿着自己的小钓竿站了一会儿，看看有没有鱼游过来。结果没等多久，发现没有鱼儿上钩，他就换了地方；在新的地方又等了一会儿，还是没有钓到鱼，他又换了个地方。这时候，鸭爸爸已经钓到一条小鱼了，而小鸭子仍然一无所获。但是小鸭子还是很高兴，立马放下自己的鱼竿跑去帮爸爸捞鱼。

"爸爸，为什么鱼儿只咬你鱼竿上的鱼饵，不咬我的？"小鸭子疑惑不解地问。

"小傻瓜，你要是真想钓到鱼，就不要一直换地方，你换来换去，鱼都被你弄得跑光了。"鸭爸爸对小鸭子说。

"好的，我知道了，爸爸。"小鸭子开始固定在一处，一动不动，乖乖地等着鱼儿游过来。他看着看着，有只红蜻蜓飞来了，停在钓竿前端，他很想轻轻地把钓竿抽回来，捉住红蜻蜓，但是，小鸭子心想：万一下面有条鱼正准备上钩呢？我要是动了鱼

竿，等下又钓不到了。最终小鸭子战胜了自己内心的躁动，忍住没动鱼竿。

突然，小鸭子的鱼漂动了一下，他急忙提起鱼竿，却发现没有钓到鱼，钩上的鱼饵反而被啄掉了。小鸭子气急了，心想，我都已经一动不动了，居然还是钓不到鱼。小鸭子气恼地和爸爸说："爸爸，我们用蚯蚓钓吧，我看到别人都是用蚯蚓钓到鱼的。一定是我们的鱼饵不好使，我就不信钓不到鱼了！"

"小家伙，懂的还不少！在这等着，我给你去找蚯蚓去！"鸭爸爸笑了笑，对着小鸭子说，然后就转身去挖蚯蚓了。

鸭爸爸在河边的泥里挖了几条蚯蚓，把蚯蚓分成两小段，挂在了鱼钩上，接着，远远地把鱼钩抛入水中。

过了一会儿，小鸭子的浮漂突然抖动了一下，并快速地往下沉，鸭爸爸急忙帮他提起钓竿，发现下面是个又大又重的家伙。于是鸭爸爸又转身拿上鱼抄，对准鱼的位置一捞，一条银光闪闪的大鱼便被提出了水面。鸭爸爸取下扎在它嘴上的鱼钩，将它放入了旁边的网兜里。

"哇，钓到鱼了，钓到鱼了！"小鸭子激动地看着网兜里翻滚着身子的大鱼。

"可是，为什么用蚯蚓就这么快钓到了鱼呢？蚯蚓明明就是陆地上的动物呀，鱼儿又没见过。"小鸭子突然好奇了起来，两只眼睛充满疑惑地看着鸭爸爸。

"哈哈，傻孩子，虽然说鱼见不到蚯蚓，但是会遇到长得差不多的昆虫幼虫或者蠕虫状水生生物啊。在它们眼里，这种长条

生物就是它们的食物。"鸭爸爸哈哈大笑起来，但还是耐心回答着小鸭子的问题。

"鱼儿的视力那么好的吗？这么短的时间就能看见水中的蚯蚓并上钩？"小鸭子还是很不解。

"除了视觉，还有嗅觉呀，鱼类的嗅觉很灵敏，可以通过嘴唇、胡须、身体感受味道。而蚯蚓的体内有很多不同的蛋白质成分，腥味明显，而且它被鱼钩刺穿后流血会有血腥味，也能吸引鱼儿的注意力。闻到味道的鱼儿当然就火速赶来了。"鸭爸爸继续解释着。

"哦，原来是这样，"小鸭子像是茅塞顿开了一样，"那岂不是换别的有味道、能动的小虫子也可以？"

"嗯……理论上来说是这样，但我没试过，要不下次你试试？"鸭爸爸摸摸小鸭子的小脑袋，满是笑意地说着。

"好呀好呀，我要找很多很多不一样的虫子试试看，说不定能钓上更大的鱼！"小鸭子自信地拍了拍胸脯。

　　"哈哈，小家伙，钓鱼可不是用对鱼饵就一定能钓上来鱼哦！"鸭爸爸提醒小鸭子。

　　"爸爸，那还有什么别的方法呢?"小鸭子问。

　　"**熟能生巧**吧，多多尝试也许就能摸索出来自己的小技巧了。不过最重要的还是要有耐心！即便钓不上鱼，也不气馁，学会等待。"鸭爸爸说。

　　"那爸爸以后每次钓鱼都要带上我，这样才能多多熟悉呀！"小鸭子高兴地说。

　　"没问题，到时候你可别偷懒不来了！"鸭爸爸打趣地说。

　　"爸爸还不信我，那我可非要做到了。"小鸭子瘪瘪嘴说。

课本联通

"不行，太少啦。"他轻轻地摇摇头，"小梁，说真的，弄点儿吃的不容易啊！有时候等了半夜，也不见鱼上钩。为了弄一点儿鱼饵，我翻了多少草皮也找不到一条蚯蚓……还有，我的眼睛坏了，天色一暗，找野菜就得一棵一棵地摸……"

义务教育教科书语文六年级节选

科学进阶

鱼生活在水中，主要的食物是其他小鱼、小虾、浮萍以及一些浮游生物。而水里的浮游生物，很多都是蠕虫状的。

蚯蚓的外形，就是蠕虫状的。蚯蚓通过皮肤表层呼吸，若被放到水里，就无法获取氧气，它们会剧烈挣扎，更能吸引鱼的注意力。同时，由于水下光线比较暗，大部分底栖型的鱼类视力并不好，它们主要通过嗅觉来寻找食物。鱼的头部一般有一对或两对鼻腔，鼻腔内部有褶皱状的鼻囊，上面分布着大量的神经末梢、气味细胞。当水流从鼻腔内经过时，鱼就可以分辨出附近是否有食物的气味。同时，根据气味的浓度变化，它们可以找到食物的准确方位。

灵光乍现

1 日常生活中习以为常的事情往往蕴含着意想不到的知识，你发现过哪些令人困惑的问题？最后是怎么解决的呢？

2 鱼的种类非常多，你知道还有什么鱼有着不为人知的奇怪习性吗？

竹子长高的秘密

    大熊猫花花和小兔乖乖在森林里玩耍的时候发现了一大片竹林，里面的竹子看起来鲜嫩极了。花花随手就折了几根鲜嫩的枝条往嘴里送，狼吞虎咽地吃了起来。乖乖则感到十分奇怪："为什么前几天还没见到有这么大一片竹子呢？难不成一夜之间长出来的吗？"

    花花边吃边嗷嗷呜呜地说："哎，你还真猜对了。竹子一夜之间可是能'噌噌'长一米多呢！"

    "什么，居然真的能一夜长这么高，这是为什么呢？"乖乖惊奇地说。

    "这个我就不知道了，我也是听我妈妈说的。我妈妈是大熊猫一族研究竹子的专家，她肯定知道。"花花自豪地说。

    "那你回家记得问问。"乖乖用略带恳切

的眼神看着花花说。

　　过了两天，花花和乖乖来到了约定的竹林。乖乖一看，惊讶得傻掉了，竹子竟然又长高了好几米。花花也不禁对这竹子刮目相看。这时，小刺猬强强刚好路过，问他们盯着竹子看什么。

　　"我们在看这些几天就长了好几米的竹子，"乖乖说，"前天我们就发现了，竹子长得特别快。"

　　"对，我还回去问过我妈妈这是为什么。我妈妈说，树的生长靠它顶端的一个分生组织来促进，也就是生长锥，但树只有一个，而竹子由70多节组成，每一节都有一个生长锥，也就是居间分生组织，所以说它的生长速度要比其他植物快。"花花不紧不慢地说。

　　"竹节居间分生组织的细胞不仅分裂快，而且生长的速度也快。但是这意味着竹子要在短时间内消耗更多的能量，这对其他植物来说是巨大的挑战。有趣的是，竹子的竹节间不仅云集了大量的植物激素，还聚集着大量的糖以及分解糖的催化剂——酶，这些能量像是骆驼的驼峰、汽车的油箱，为竹子的'狂飙生长期'提供了充足的后援。"强强**一板一眼**地说。

　　"哇，强强你是怎么知道这么多知识的，还这么详细？"乖乖向强强投去羡慕的目光。

　　"对啊，你怎么知道的呀？"花花想知道强强这么博学的秘诀，着急地问着。

　　"如果你们多看一些包含生物知识的书就能知道了，刚好我最近就在看《植物百科全书》，所以才知道的。"强强**云淡风轻**地说。

"看来我们也要多看点书了，不然就要错过很多新鲜有趣的知识了。"花花和乖乖一同感慨着说。

　　"没错，就像竹子有种子这回事你们就不知道吧？"强强神神秘秘地说。

　　"居然有种子，我们从来都没听说过，讲讲呗！"花花和乖乖十分惊讶，都瞪大了眼睛，想听强强讲讲这个神奇的事情。

　　"哈哈哈，我有事先走了，你们去书里找答案吧！"强强爽朗地大笑起来。

　　"种子？这是怎么一回事呢？"花花摸摸脑袋，陷入沉思，怎么想都想不清楚。

　　"好了，花花，别想了，回家问问你妈妈或者看书吧！"乖乖提议说。

　　"也是，那我们赶紧回去吧！"

　　于是，花花和乖乖带着问题回家去寻找答案了。

课本联通

生物从小到大，本来是天天长的，不过夏天的长是飞快的长，跳跃的长，活生生的看得见的长。你在棚架上看瓜藤，一天可以长出几寸；你到竹子林、高粱地里听声音，在叭叭的声响里，一夜可以多出半节。

义务教育教科书语文六年级节选

科学进阶

竹子是高大的乔木状禾草类植物。生长迅速，种类众多，分布于热带、亚热带至暖温带地区，其中东亚、东南亚和印度洋及太平洋岛屿上分布最集中。最矮小的竹种，其竿高10~15厘米；最大的竹种，其竿高达40米以上。

竹子是全世界生长速度最快的植物之一，竹节居间分生组织和充足的能量供应可让它快速生长，长到三四层楼高也只需几十天。竹子的繁殖能力虽然很强大，却是典型的浅根性植物，对水分、温度和土壤都很挑剔，所以不易扩展到全球。虽然竹子的茎杆生长迅速，但大多数种类需要生长12~120年才开花结籽。

灵光乍现

1 除了竹子，你还知道哪些生长较快的植物？

2 梅兰竹菊被称为"花中四君子"，除了竹子，你对另外三位"君子"的生长特色有了解吗？它们的寓意是什么？

天上掉星星了

小袋鼠维维的爸爸是天文工程师，一年到头都在各地的天文台调试设备。维维从小受爸爸的影响也变成了天文爱好者，常常去森林南面的草原看星星。

"星星都掉下来了！"小山羊绵绵从来没有见过这么美丽的奇观，兴奋地大喊，"我多想拥有一颗星星啊！"

"也许我能捡到一颗！"绵绵在草丛里东翻翻西找找，他一个劲地忙碌着，完全没有注意到维维正一脸奇怪地盯着他。

"绵绵，你在干什么呢？"维维问正兴致勃勃的绵绵。

"你好，维维。"绵绵说，"我在找星星。刚才我看见许多星星从天上掉下来了，我想，也许我能捡到一颗。"

"噢，你说的是流星吧！"维维说，"从来没有人捡到过，你是捡不到的。"

绵绵可不会轻易放弃。"也许，它们掉到了树上呢？"说着他就想上树了，维维被他的行为逗得一时之间不知道说什么好。

84

"哎呀，你别上去，这是流星，你怎么可能捡得到，大多数流星在降落地面之前就消失了。因为它在穿过厚厚的大气层时产生摩擦，损耗热量，将热能转化为光能，所以我们才能看到流星划过天空的亮光，但是它在降落过程中就被消耗掉了。"维维对着大树方向说。

　　"消耗掉了……"绵绵咕哝着说，"那就是没了咯?"

　　"别难过，我带你看一个比流星还美的现象。来，你看那里——"维维指着夜空中一条宽窄不一的光带。光带像是被烟雾笼罩一般，在黑暗的夜空中显得格外璀璨夺目。

　　"哇，好美啊，像是一条云锦铺在天际。"绵绵的情绪渐渐缓和，目不转睛地盯着天空，沉醉其中。

"你再仔细看看，这可不止一颗星星，这是成千上万颗星星聚拢才有的效果呢！"维维**不厌其烦**地说着，"这是银河，银河系的一部分，你看银河左右两边最亮的星星就是牵牛星和织女星了，它们也属于银河系。"

"原来这就是牵牛星、织女星和银河啊！"绵绵感慨道。

"是啊。"

"你刚刚说银河只是银河系的一部分，那我们要怎么样才能看到完整的银河系呢？"绵绵问。

"那我们可能得上太空了，就算上太空也不一定能看到呢！毕竟银河系那么大，肉眼是无法一览无遗的。"

"原来是这样啊，真希望以后能去太空看一看银河系啊！"绵绵一下子就陷入了无尽的畅想中。

"那还不容易，从现在起，努力读书，以后当宇航员呀！"维维拍了拍绵绵的肩膀继续说，"你看，牵牛星和织女星隔'银河'相望，看起来是不是不那么远，但实际上，它们之间的距离是 16.4 光年呢！"

"16.4 光年是多远啊？"绵绵呆呆地望着天空说。

"是很远很远……"

浪淘沙（其一）

［唐］刘禹锡

九曲黄河万里沙，浪淘风簸自天涯。

如今直上银河去，同到牵牛织女家。

义务教育教科书语文六年级节选

科学进阶

牛郎星是天鹰座中最亮的一颗恒星，正式名称是"天鹰座α"，也叫"牵牛星"，是全天排名第十二的明亮恒星。织女星正式名称为"天琴座α"，是天琴座中最明亮的恒星，在夜空中排名第五。它与牛郎星及天狼星一样，是非常靠近地球的恒星，距离地球只有25.3光年。牛郎星和织女星隔"银河"相望，但这两颗恒星之间的距离十分遥远，它们相距16.4光年。

银河只能在光污染指数5级以下的夜空中肉眼可见，它是由数千亿颗恒星和数不清的星际尘埃气体，汇聚成的一条横跨星空的乳白色光带，而盛夏是银河最明亮最壮观的时候。肉眼看到的银河，实际上是银河系的银盘部分。越接近银心，恒星越多、越密，这也就是宽银河形成的原理。反之则是窄银河。

灵光乍现

关于银河系，你还知道哪些有趣的冷知识？

努力开花的青苔

　　遥远的绿光森林里，生长着茂密的树木，清澈的小溪从中穿过，大片大片的岩石散落在溪边，有的被水**经年累月**地冲刷着，表面变得极其光滑。稍微靠岸边的石头下长满了一片片的绿青苔。

　　漫长的寒冬终于离去，春姑娘的大手把大地抚摸一遍后，漫山遍野开出了**五颜六色**的花。小鸟也从南方飞了回来，正在枝头叽叽喳喳地说着话。森林里的植物也都伸了伸懒腰，看着春姑娘打造的世界。

　　"那边的花可真漂亮！"小苔藓

瞪大了眼睛，好奇地指着不远处的花朵。淡粉色的花瓣纤美而柔软，花瓣上镶嵌着几颗小小的**晶莹剔透**的露珠，露珠在阳光的照耀下好似珍珠般耀眼。

"那是'花中之王'——牡丹。"小鸟回答。

"原来是花王，怪不得那么娇艳，还有一点高贵的气质。真不知道我是不是也能开花……"小苔藓边称赞牡丹边略显沮丧。

"这个我也不知道，应该是可以的，你努努力多喝水，补充养分。"小鸟安慰着有些丧气的小苔藓说。

"真的吗？那我开出的花也那么漂亮吗？"小苔藓兴奋地问。

"每一朵花都有它自己**独一无二**的美丽，只要能开出自己的花来，就是这世界上最值得称赞的事情！"小鸟温柔而坚定地对小苔藓说。

为了能够早点长出花来，小苔藓躲在石头的背后努力抓住机会吸收水分。过了没几天，他就感觉到他的头上有一股力量在向上使劲顶，"叭"的一声，长出来一个小球。

"我开花啦，我开花啦！"小苔藓高兴地对着森林大喊。

小松鼠路过小溪，小苔藓又说了一遍："小松鼠，你看，我开花啦！"

"苔藓也能开花吗？"小松鼠诧异地看着小苔藓头上那个小球状的物体，有些茫然。

"对啊，这可是我好不容易才长出来的呢！"小苔藓自豪地说。

"但是，我记得苔藓是不能开花的呀，哎呀……我不知道了。"小松鼠摇摇脑袋走了。

"什么不能开花啊？小松鼠，你在说什么？"小苔藓大喊，但是小松鼠已经走远了，只剩小苔藓在原地不知所措。

到底我头顶上的这个东西是不是花啊？小苔藓问青草哥哥，又问小兔子，他们都摇摇头，表示不知道小苔藓头顶长的是什么。小苔藓失落地坐在石头上，不知该如何是好。正在这时，风爷爷摇摇晃晃地吹了过来，花白的胡子随着他的动作也左右摇动起来。吹累了的风爷爷瘫坐在大石头上休息，突然他发现了坐在石头上耷拉着脑袋的小苔藓。"小苔藓！你怎么了？垂头丧气的。"风爷爷和蔼可亲地问道。

"风爷爷，我开花了。可是小松鼠说我不能开花，所以我不知道我头上的是不是花。"小苔藓可怜兮兮地低着头。

"不管是不是花，这也是你历经千辛万苦才长出来的，是你培育了它，守护了它，它是不是花真的那么重要吗？"风爷爷严肃而又认真地说。

"是啊，就算它不是花我也喜欢它。"小苔藓昂着头，坚定地说。

"这才对嘛！我带你去看看世界，你就知道眼前的是与不是并不那么重要了。"说完便一把拉起小苔藓，飞向了天空。

小苔藓感觉自己身心都轻快了起来，在风爷爷的带领下他终于看到了大地是那么的辽阔，森林是那样的繁茂，河流是那么的宽广，还有高耸入云的山……

　　突然他看到一池塘的荷叶，"那就是荷塘吗？风爷爷。"小苔藓开心得**手舞足蹈**。

　　"是的，孩子，你想去看看吗？"风爷爷摸着它的胡子说道。

　　"风爷爷，你把我放下吧。我想去陪着荷塘，真想看看池塘开满荷花的样子。"小苔藓憧憬地说着。

　　就这样，还不知道自己已经变成孢子的苔藓留在了荷塘边。又一个阳光洒满世界的清晨，小苔藓低头看到，自己又在往上生长，他柔嫩的小芽在风中摇曳生姿。"祝贺你，重生成功。"头顶传来温柔的声音。小苔藓抬起头，看到美丽的荷花姐姐们正微笑着看着自己。

书湖阴先生壁

［宋］王安石

茅檐长扫净无苔，

花木成畦手自栽。

一水护田将绿绕，

两山排闼送青来。

义务教育教科书语文六年级节选

苔藓植物是一种小型的多细胞的绿色植物，多生长在阴湿的环境中，如常附生于岩石、泥土表面或树身上。虽然苔藓有茎、叶，但茎无导管，叶无叶脉；叶由单层细胞组成。苔藓只有假根而无真根。苔藓不开花，所以没有种子，只能靠孢子繁殖，通常一个孢子体会产生一个孢蒴。孢子体萌发形成配子体，配子体用丝状的假根长在基质上，吸收养分水分，而孢子体就依附于配子体来吸收养分和水分。孢子体上面长有孢蒴，等孢子成熟之后，就会从孢蒴中散出。

灵光乍现

1 除了苔藓，你还知道自然界的哪些孢子植物？

2 除了孢子繁殖，你还知道植物的其他繁殖方式吗？

美丽的月光森林

　　从前有一座美丽的月光森林，生长着一大片古老的树木，白桦、山杨、松树等每一棵树都**镌刻**着时光的痕迹，这里也是金丝猴、华南虎、赤斑羚、黑熊等众多珍稀动物的家。苍穹之下，翱翔着的是自在的云雀、丹顶鹤。

　　然而这一幕和谐融洽的景象已不复存在。

漆黑的夜色中，沉重的叹息声从森林深处传来，像一记重锤敲打着大家的心灵。这是月光森林的老祖宗——老榕树的声音。

"榕树爷爷，我们要离开了。您多多保重！"一群可爱的小鹿正围着榕树爷爷道别。

领头的老鹿说："树木已经被那些人类砍得所剩无几了，到处都是光秃秃的，土壤也变得干燥，风一吹，便扬起了漫天沙尘。尤其是下大雨的时候，土地被冲刷出一条条的沟壑，肥沃的土壤也留不住了。"

"是啊，这还怎么生存下去呢！……"麋鹿一族都发出沉沉的叹息。

"去吧，孩子们，去寻找下一片能庇护你们的土地和森林。"老榕树眼含热泪地望着这群小鹿离去。

　　曾经朝夕相处的同伴们相继离开，只剩下老榕树了。它离不开也不想离开，这是它生存了几百年的土地啊！即便小动物们能走的都已经走得差不多了。老榕树不明白为什么人类的目光如此短浅，为了一个什么高尔夫球场就烧掉了一片松树林，又为了什么钻石矿把土地挖得**千疮百孔**。它愤懑地对天呼喊："上天啊，这是为什么？为什么要变成这样的局面啊？森林没了，树木没了，难道人类就会过得比现在好吗？"

　　终于，在人类的持续破坏下，老榕树倒在了一个无人问津的夜晚。**狂风骤雨**都不曾撼动这棵老榕树半分根基，但如今它却在人类手里毁于一旦。曾经充满生机的森林现在已经是一片荒漠了，只剩下几个干枯的树根，稀稀拉拉地躺在地上。

　　来自大自然的报复也紧接着来临了，人类没有了森林的庇护，整日和沙尘暴、霜冻、泥石流等灾害抗争。**叫苦不迭**之际，他们回想起曾经森林存在的时光，回想起老榕树高大的身躯和英勇对抗暴雨的姿态。的确，森林能保持空气的湿度，能抵御飓风，还能留住那些肥沃的土壤，任凭大雨如何冲刷，树木的根总能紧紧地抓住土地，不让土壤流走。

人类后悔了，想办法重建森林，但是自然不会轻易让一切恢复原状的。尽管人类想尽办法为树苗浇水、施肥，精心培育这些小生命，但是都敌不过一阵狂风，瞬间将所有的成果夺走。人类又从小草开始，用一个又一个的草方格稳固土壤，使其不被大雨和狂风带走。尽管艰难，但是人类不会放弃，因为他们见过这片土地熠熠生辉的模样。知错就要改，人类终于明白了绿水青山才是最无价的宝藏。

　　在人类的坚持下，相信在不久的未来，森林一定会再次露出朝气蓬勃的面貌。

课本联通

　　我知道这条山沟所处的大环境。这是中国的晋西北，是西伯利亚大风常来肆虐的地方，是干旱、霜冻、沙尘暴等与生命作对的怪物盘踞之地。过去，这里风吹沙起，能一直埋到城头。当地县志载："风大作时，能逆吹牛马使倒行，或擎之高二三丈而坠。"就在如此险恶的地方，我对面这个手端一杆旱烟袋的瘦小老头，竟创造了这块绿洲。

义务教育教科书语文六年级节选

科学进阶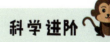

　　土地沙漠化简单地说就是指土地退化，也叫"荒漠化"。荒漠化是由于气候变化和人类不合理的经济活动等因素，使干旱、半干旱和具有干旱灾害的半湿润地区的土地发生了退化。全球现有12亿多人受到荒漠化的直接威胁，其中有1.35亿人在短期内有失去土地的危险。荒漠化已经不再是一个单纯的生态环境问题，而且演变为经济问题和社会问题，它给人类带来贫困和社会不稳定。

　　目前治理土地沙漠化的措施有很多，例如合理分配利用水资源发展节水农业；调整土地利用结构，合理放牧和积极营造护田林网；扩大植被覆盖率，设置沙障与封育固沙，构筑防护体系等。

灵光乍现

　　在日常生活中，有哪些事情是对保护森林有帮助的呢？

小熊拉肚子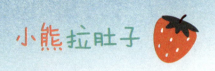

　　小熊家今年在地里种了一大片西瓜。夏天，西瓜逐渐成熟，一个个长得又大又圆。眼看着西瓜越长越大，小熊也越来越坐不住了，馋得不行，但是熊妈妈说西瓜一定要完全成熟才好吃。可最后，小熊还是没忍住，偷偷摘了一个放在冰箱。

　　第二天，小熊趁熊妈妈不在，赶紧把冰镇的西瓜拿了出来，边吹着风边吃着冰镇的西瓜，这真是夏天最美好的事情，小熊在心里暗暗感慨。然而，到了半夜，小熊的肚子突然开始疼了起来，"哎呀，好痛啊，痛死我了——"小熊在床上痛得**翻来覆去**。

　　"怎么了，孩子?"熊妈妈和熊爸爸被小熊的叫声惊醒了。看着床上痛得滚来滚去的小熊，熊妈妈急得睡不着。

"妈妈，我肚子疼得厉害。"小熊**虚弱**地说。

"肚子疼？是不是吃坏东西了？你今天都吃了什么？"熊爸爸问。

"我就吃了一个冰镇西瓜……"小熊有些**心虚**地回答。

"西瓜？哎呀，我都跟你说了，西瓜还没熟，你还吃冰镇的，肯定是闹肚子了。"熊妈妈又生气又心疼地说着。

"这么晚了，森林医院都关门了，怎么办呢？"熊爸爸面有难色。

"那只能先用荞麦粉缓解一下拉肚子了。"熊妈妈说。

"荞麦粉还能缓解腹泻？"熊爸爸惊讶地说。

"是的，你去厨房柜子里，将荞麦粉炒香，用开水冲成稀糊端来。"熊妈妈催促道。

小熊喝下荞麦糊后，过了一阵子，腹痛果然缓解了不少。

"睡吧，明早爸爸带你去看医生。荞麦粉

只能暂时缓解一下，还是要及时看医生的。以后不许吃还没完全成熟的西瓜了，尤其是冰镇的。暑热之下，吃太多冰的更容易拉肚子。"熊妈妈严肃地对小熊说。

小熊点了点头说："知道了，妈妈，我就是以为……以为没什么事的，没想到会这么严重。"

"好了，别说了，快睡吧。这次你可要吸取教训，不然下次爸爸妈妈不在身边可就麻烦了。"熊爸爸说。

"我知道了，爸爸，我以后不会再偷偷乱吃东西了。"小熊乖乖回答说。

"现在有没有好一点？如果还是不舒服，要及时说。"熊妈妈关切地问。

"妈妈，我现在好一些了，喝了荞麦糊感觉肚子暖暖的。"小熊说。

"那就好。我和爸爸就在隔壁，随时叫我们。"熊妈妈这才微微松了一口气，和熊爸爸回到了自己的房间。

三黑耙过地，

坐下来歇一歇。

看见自己种的荞麦已经开花，

白霎霎的像一片雪。

荞麦地里

还有两个蝈蝈儿在叫唤，

吱吱吱……

叫得人心里痒抓抓的好喜欢。

义务教育教科书语文六年级节选

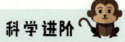

科学进阶

荞麦又称乌麦、花荞，原产于我国北方，现在全国各地均有栽培。荞麦可做饭、煮粥，或磨成粉做馒头、饼、面条等面食。

中医认为，荞麦味甘，性凉，具有健脾益气、开胃宽肠、消食化滞、清热解毒等功效，适用于食欲不振、慢性泄泻、肠胃积滞、关节酸痛等症。现代研究发现，荞麦具有较好的降压、降脂、降糖作用，对高血压、冠心病、高脂血症、糖尿病等有很好的食疗作用。糖尿病患者可经常用荞麦与芹菜煮粥食用；腹痛泄泻者，可将荞麦面炒香，用开水冲成稀糊食用；脾胃不和、腹部胀满者，可用荞麦面与萝卜共煮粥食用。

灵光乍现

对于解毒散热、健胃消食，你还有什么其他生活小妙招吗？

马儿的眼睛

"哎哟，痛死我了！"小猴奇奇还没来得及看清眼前的东西，就被踹飞了好远。

听到动静的小马昊昊赶忙转过身来，才发

现是自己把奇奇踹了，连忙道歉说："奇奇，对不起，我真的没有看到你，不知道你在身后，只是习惯性地向后踢了一下。"

"没看到你就踹啊？"奇奇生气地摸着屁股朝昊昊走过来说。

"真的很抱歉，就是下意识踹了。"昊昊连声道歉。

"下意识，意思你常踹别人咯？"奇奇听着更生气了。

"我真的不是故意这样的。因为我们眼睛的**缘故**，看不到屁股后面的区域，格外地没有安全感，所以一感受到有物体靠近，我们就会下意识踹一下。"昊昊低着头小声地解释道。

奇奇还是不能理解，满脸怒气地冲着昊昊嚷道："你就找借口吧，踹了我你想怎么解决？"

昊昊**一言不发**，不知道要怎么解决这个事情。

本来在不远处休息的昊昊爸爸听到昊昊这边的声音有些大，担心是不是昊昊又像上次一样踹到别人了，就立马赶了过来。看到奇奇那生气的表情，昊昊爸爸猜到了是昊昊踹了奇奇。

"奇奇，是不是我家昊昊踹到你了？我替他向你道歉。不过我必须解释一下，他也不是故意的，因为我们马族的眼睛确实有点特殊。"昊昊爸爸缓缓地说着，脸上满是歉意。

听到昊昊爸爸也这么说，奇奇心中的怒气逐渐平息，同时对昊昊说的"眼睛的缘故"感到很好奇。

"你刚刚说眼睛的缘故，这是什么意思啊？"奇奇问昊昊。

昊昊回答说："在陆地上的哺乳动物中，马的眼睛是最大的。马的视线范围大概为350度，剩下的10度视觉盲区就是眼睛前面一小部分和整个屁股的后方。"

"马之所以喜欢向后踢腿，也是因为**恐惧**，因为我们安全感很差。看不到后面的时候就会没有安全感，所以马也就学会了向后踢腿。"昊昊爸爸补充道。

"350度？所以你们居然能看到这么大的范围？"奇奇一脸**不可思议**地问。

"是的，我们的视野相当开阔，每只眼睛能同时看到不同的东西，也可以看到鼻子下面的东西，但是我们的视力也是有缺陷的，有时候看物体也会产生偏差。"昊昊说。

"我还要说明一点，"昊昊爸爸顿了顿说，"我们的皮肤表面有很强的敏感性，尤其是对运动着的物体。因此，当我们的眼睛发现意外移动时，我们的本能就是不要掉头，只有移动到绝对安全的距离，才会转身看一看。所以，接近我们时一定要非常小心，不能站在我们后面。否则，我们就会下意识朝后踢。"

"好吧，你们都这么说了，那我也不能不原谅昊昊了，否则就太**小肚鸡肠**了。"奇奇说。

"谢谢奇奇的理解，我们一起玩吧！"昊昊热情地向奇奇发出邀请。

"好啊，那我可是吸取教训了，以后再也不站在你的后面了。"奇奇打趣地说。

"哈哈，没问题。"昊昊和昊昊爸爸被他的话说得有些不好意思，笑着回答说。

"你们还有什么神奇的习惯吗？"奇奇的好奇心又涌上心头。

"有啊，我们马儿一族还会站着睡觉！"昊昊和奇奇一边走一边聊了起来。

"哇，那我可要听听。"

…………

课本联通

中国古人时常要骑马。可骑马在舞台上没办法表现，舞台方圆太小，马匹是无法驰骋的。真马出现在舞台上，演员也怕它失去控制。京剧继承、发展了中国传统戏曲的表现手段，终于战胜了这种尴尬——用一根小小的马鞭就彻底解决了，而且解决得无比漂亮。这种表演方式十分符合中国的美学。

义务教育教科书语文六年级节选

科学进阶

马的眼睛具有单目成像兼双目成像的特点。单目成像即两只眼睛可以分开单独工作，有各自不同的视野，可同时分别处理两个视野内的东西。每侧的视觉范围可以达到130~140度，而单目成像的视觉范围总和可以达到260~280度。双目成像即两只眼睛获取的画面相互重叠，形成一个单独的三维画面。为了让这个三维画面更加清晰准确，马必须灵活地转动脖子或者摇头。双目成像在正前方可以达到75~95度，再加上单目成像的辅助，视觉范围可以达到345~355度。所以，当一匹马自由的情况下，盲区只有5~15度。

马的眼睛有自带太阳镜的效果。它们的眼睛里有一种雾状、名叫"黑体"的物质，光线强的时候，黑体可以减少进光量。所以，马儿不会像人类一样在遇到强光时眯眼睛。

灵光乍现

关于牛、羊、猪、狗等动物，你还知道有什么冷知识吗？

燕子留下过冬了

秋天踏着**和缓**的脚步走向大地，把金色洒满天际，落在了银杏树的叶子上，落在了大块大块的麦田里，落在了小河边的草地上。天空中一群群的鸟儿飞着，仿佛在唱着一首秋天的乐章。

在一个温暖和煦的清晨，一群杜鹃准备飞往南方度过严寒的冬天。是啊，秋天来了，冬天还会远吗？小燕子妮妮站在枝头**惆怅**地想着，这是她第一次南迁。杜鹃们出发了，燕子一族应该也要走了吧。

"妮妮，快去收拾，我们也要出发了。"燕子妈妈催促着说。

　　"可是我不想走，好不容易在这里安定了这么久，又要搬走。"妮妮委屈地说，眼泪都快掉下来了。

　　"但是你不走，根本没有办法度过严寒的冬天。"妮妮妈妈苦口婆心地劝说着。

　　"为什么小麻雀就不需要南迁呢？我可以和小麻雀一起过冬。"妮妮解释说。

　　"小麻雀和我们不一样，她们族类是留鸟，有办法对付这里的冬天，而我们燕子一族是候鸟，必须迁徙到温暖的南方去。这是不变的自然规律。"妮妮妈妈说。

　　"什么留鸟候鸟的，她们能过冬难道我不能吗？"妮妮有些不服气地说。

"你还确实不能，别逞强了！赶紧收拾东西，明天随队伍一起出发。"妮妮妈妈继续强调说。

"不，我不走，我不信。"妮妮**斩钉截铁**地说。

"不行，必须走，不然你会没命的！"妮妮妈妈严肃地说着。

妮妮拗不过妈妈，**佯装**收拾起了行李，但是她准备明天趁妈妈不注意又飞回来。

第二天，妮妮跟在燕子队伍的最后面飞了好一阵，终于趁妈妈不注意时偷偷折返了回来。她欢快地飞到熟悉的田间，又飞到常去的大树上，自在极了！

但是，美好的时光总是过得很短暂，**凛冽**的冬天说来就来了。北风**肆虐**着整个大地，已经很少能见到动物在地面上活动了。妮妮蜷缩在自己的窝里面，她完全没有预料到冬天的寒流是如此强劲，即便加固了她的窝也难以抵御。连日来的寒流最终击垮了妮妮，加上这种天气根本没办法进食，妮妮简直虚脱了，连痛苦的呻吟都发不出来。

在疾风和大雪的双重攻势之下，妮妮已经快要坚持不住了。她非常后悔，后悔没有听妈妈的话，一意孤行地和自然规律作对。

但是有什么用呢？我大概要冻死在这里了吧，妮妮绝望地在心里想着。

"妮妮，你怎么了？怎么会在这里？"天稍稍没那么冷的时候，小麻雀球球出来碰碰运气看能不能找到食物，结果在大树上发现了奄奄一息的妮妮。

"我……"妮妮虚弱得说不出话来。

"好了，别说了，我先带你回我们的家。"球球扛着妮妮，艰难地朝着球球家的方向飞去了。

"好……"妮妮虚弱地点点头，便趴在球球的背上晕过去了。

麻雀一族在冬季的时候会在房子的屋檐下或者旧房子里面建造过冬的窝。就这样，球球扛着妮妮飞到了一处旧房子的房角上。

这个旧房角是球球家族的大本营，他们在这里建造了好几个小窝。大家全都挤在一起取暖，然后轮流出去寻找食物。

"这是怎么了？"球球一回来，麻雀们都围了上来看着妮妮，一脸**难以置信**。

"妮妮没有跟随大队伍南迁，现在身体严重失温。"球球着急地说。

"让我来看看吧。"球球抬头一看，原来是爸爸。球球爸爸是麻雀一族的老医生。在看到爸爸的那一刻，球球才真正松了一口气，因为他相信爸爸肯定能治好自己的好朋友。

"大家都靠过来一点，我们帮妮妮先恢复体温。"于是，麻雀们都挤了过来，把冰冷的妮妮包裹了起来。慢慢地，妮妮觉得暖和多了，身体也有了一些力气。

"球球，去把家里的稻谷拿来。"球球爸爸吩咐道。

"好。"球球立马飞到家里，拿来了稻谷，然后球球爸爸把稻谷给妮妮吃下了。

妮妮缓缓地吃下一点稻谷后，又恢复了一些活力。在这个漫长的冬天里，球球一直**寸步不离**地

守着妮妮。赶上天气稍微温暖的日子，球球还会去觅食给妮妮吃。

又过了好些日子，漫长的冬季总算过去了，迎来了**百花齐放**的春天。燕子、杜鹃也纷纷从南方飞了回来，妮妮去迎接他们，首先见到的就是领头的妈妈。

"你这个孩子，呜呜——妈妈还以为你扛不过冬天了。"妈妈一见到妮妮，又惊喜又难过地哭着说。

"妈妈，对不起，我不应该私自留下来，差一点就冻死了，是球球救了我。"妮妮也哭着说。

其他燕子很惊奇妮妮是如何度过这寒冷的冬天的，于是，妮妮就把经过**一五一十**地告诉了他们。燕子们纷纷向麻雀一族表示感谢。

"不过，妮妮可要吸取教训，下次不能再任性妄为了。"球球爸爸**语重心长**地说。

"经过这次教训，我知道错了，以后再也不敢这么任性了。"妮妮乖巧地点了点头。

第二日，我便要他捕鸟。他说：

"这不能。须大雪下了才好，我们沙地上，下了雪，我扫出一块空地来，用短棒支起一个大竹匾，撒下秕谷，看鸟雀来吃时，我远远地将缚在棒上的绳子只一拉，那鸟雀就罩在竹匾下了。什么都有：稻鸡，角鸡，鹁鸪，蓝背……"

义务教育教科书语文六年级节选

在某一地区，有些种类的鸟常年可见，而另一些种类的鸟只有在特定的季节才能见到。这是因为各种不同鸟类的活动情况不同。针对各种鸟类活动范围和移动距离的不同情况，鸟类可分为留鸟和（季）候鸟两大类。候鸟因季节变化而进行迁飞，故又称之为迁徙鸟。不同的候鸟对气候的要求各异，因而候鸟还可进一步分为夏候鸟、冬候鸟以及旅鸟和迷鸟。

留鸟指常年栖息于同一地区，不进行远距离迁徙的鸟类。如麻雀、白头鹎、珠颈斑鸠、喜鹊、八哥、黑水鸡、雉鸡等。

夏候鸟指夏季在本地区繁殖，秋季离开本地区到较温暖的地带过冬，而后到下一年春季又返回本地区繁殖的鸟类。对本地区而言，它就是夏候鸟。最常见的夏候鸟有家燕、金腰燕、东方大苇莺、大杜鹃、牛背鹭、池鹭、水雉等。

你在冬天见到过不需要冬眠的动物吗？它们为什么不需要冬眠？

寻找跳跳鱼

"咚咚咚"，小鹿霜霜敲响了小兔乖乖家的大门。"吱呀"一声，霜霜便推门进到房间，高兴地对躺在床上的乖乖说："乖乖，快起床，我们去找跳跳鱼吧！今天一定能找到跳跳鱼！"

"跳跳鱼？什么是跳跳鱼啊？"小兔**迷迷糊糊**地睁开了眼睛，满脸不解。

霜霜拿着她带来的书往乖乖的床上一放，翻开第四十五页，指着说："你看，这个《动物百科全书》上有写：跳跳鱼，学名弹涂鱼，是一种水陆两栖的鱼类，退潮的时候会在海边的滩涂上觅食，有的还会跳起来争抢领地呢！"

"听起来好有趣啊！它们能跳一米高吗？"乖乖一下就清醒了，睁着眼睛好奇地问霜霜。

"哎呀，你快起来，我们一起去海边看看不就知道了，今天刚好就是退潮的日子。"霜霜催促起乖乖来。

乖乖一把掀开被子，跳下床，以闪电般的速度穿好衣服，和

霜霜手拉手奔向了海边。

她们穿过丛林，跨过小溪，又在石头路上跑了好一阵子，终于到达了海边。前几天还上涨到盖住了沙滩的海水已经退得远远的了，整个沙滩都露出了原本的模样，再往前走一点就是滩涂了。

"霜霜，你看，这里好多小洞啊！这是为什么呢？"乖乖指着那些泥里面一个个直径不到一厘米的小洞说。

"我们找到啦，我们找到啦，这就是弹涂鱼的家！"霜霜高兴地欢呼起来，这是她第一次带着书和从书中学到的知识去现实生活中寻找不曾见过的动物呢！

　　"咦，弹涂鱼这么小的吗？好小的一个洞啊！居然是它们的家。"眼前的一切都太**出乎意料**了，乖乖惊讶地说。

　　"对啊，弹涂鱼很小的，长只有八厘米左右，所以它的家也就只有这么小。"霜霜解释说。

　　"怎么不见鱼影子啊？"乖乖说。她话音刚落，就见到好几个灵活的小身影从那些小洞中飞出来。

　　"哇哇哇，弹涂鱼好机警灵活啊！居然一瞬间就从洞里蹦了出来。"乖乖看着那些在滩涂上蹦蹦跳跳的跳跳鱼们惊呼道。

　　"对了，霜霜，你之前说跳跳鱼是水陆双栖的，这又是为什么呢？我还没见过水陆双栖的鱼类呢！"乖乖问道。

"跳跳鱼除了像一般的鱼那样靠鱼鳃呼吸外，它们的皮肤和口腔黏膜也可以摄取空气中的氧气，所以才能在水陆两地自由切换呼吸系统来进行气体的交换。"霜霜翻开书，对照着书上的解说一字一顿地说。

　　在她们说话的间隙，又有好多跳跳鱼跳了起来，有的跳得和霜霜一样高，惊呆了霜霜和乖乖。

　　"你看那只跳跳鱼的胸鳍，这就是它们用来在没有水的地方爬行、跳跃的关键部位。"霜霜指着一只蹦得格外高的跳跳鱼说。

　　"这胸鳍好发达啊，像健美运动员似的。"乖乖说。

　　"乖乖，你看那边，雄弹涂鱼向雌弹涂鱼表演舞蹈呢。"

　　乖乖顺着霜霜指的方向望去，看到一只弹涂鱼对着另一只弹涂鱼蹦来蹦去，不由自主地大喊道："喂！加油啊！"

突然，霜霜大叫了一声，乖乖转头问："霜霜，你叫啥呢？"

"你看，弹涂鱼在上树，在那边，我们悄悄过去看看。"

"哇，真的啊！"乖乖顺着那个方向叫了出来。

她们悄悄地靠近那个方向，发现一只弹涂鱼宝宝用自己的腹鳍当作吸盘抓住树，再用胸鳍向上爬行。很快弹涂鱼宝宝爬上了一棵与自己身体颜色差不多的树，也因此躲过了一只大鸟的捕食。

"霜霜，那只想抓鱼宝宝的大鸟是什么呀？"乖乖问道。

"那是黑脸琵鹭，常年栖息于湖泊、水塘、沼泽、河口至沿海滩涂的芦苇沼泽地，可机灵了。黑脸琵鹭主要以小型鱼、虾、蟹、软体动物、水生昆虫等为食，这海边这么多弹涂鱼可都是它的美食。"霜霜讲解了起来。

"霜霜，你懂得真多，以后我也要多看书，去领略鬼斧神工的大自然！"

我素不知道天下有这许多新鲜事：海边有如许五色的贝壳；西瓜有这样危险的经历，我先前单知道他在水果店里出卖罢了。

"我们沙地里，潮汛要来的时候，就有许多跳鱼儿只是跳，都有青蛙似的两个脚……"

义务教育教科书语文六年级节选

  科学进阶

弹涂鱼是虾虎鱼科、弹涂鱼属的一种鱼类，又称跳跳鱼。体长形，侧扁，背缘平直，鳍灰黄色，后背鳍有2条蓝黑色纵带纹。弹涂鱼为暖温性近岸小型鱼类，喜欢栖息于河口、港湾、红树林区之咸淡交会水域及沿岸的浅水区，喜欢在底质为淤泥、泥沙的滩涂处活动，亦进入淡水。常依靠发达的胸鳍肌柄匍匐或跳跃于滩涂上，退潮时在滩涂上觅食。主食浮游动物、昆虫及其他无脊椎动物。

大部分鱼类如果离开了水就会缺氧窒息而死，是因为鱼鳃获取的微量氧气远远不足以支撑鱼儿生存。但弹涂鱼除了用鳃呼吸外，还可以凭借皮肤和口腔黏膜的呼吸作用来摄取空气中的氧气，足以支撑它们在滩涂活动。弹涂鱼能在陆地上运动，归功于它发达的胸鳍，它的胸鳍肌柄能前后自如运动，起着爬行动物前肢的作用，所以弹涂鱼常依靠发达的胸鳍肌柄匍匐或跳跃于滩涂上，退潮时在滩涂上觅食。

 灵光乍现

你在书上见到过什么神奇的动物吗？为什么感兴趣呢？